天
Borderless
下

博稽古今 融汇天下

续法窗夜话

续法窗夜话

[日] 穗积陈重 著
曾玉婷 魏磊杰 译

法律出版社
LAW PRESS · CHINA

穗积陈重 | 1855—1926年 |

日本近代法律的主要奠基人，日本民法典的主要起草人，明治、大正时期著名法学家、政治家。先后就读于日本东京帝国大学、英国伦敦大学、德国柏林洪堡大学。1881年学成回国，入东京大学法学部担任讲师，在日本历史上第一次开设“法理学”课程。次年2月，升任教授兼法学部长。1890年入选日本贵族院议员，1915年被授予“男爵”称号，1917年担任日本学术界最高地位的学士院院长一职，1925年出任枢密院议长。一生著作甚丰，主要代表作：《法律进化论》《复仇与法律》《法窗夜话》《法典论》《隐居论》《五人组制度论》《实名敬避俗研究》《法典论》《祖先崇拜与日本法》（英文）等。

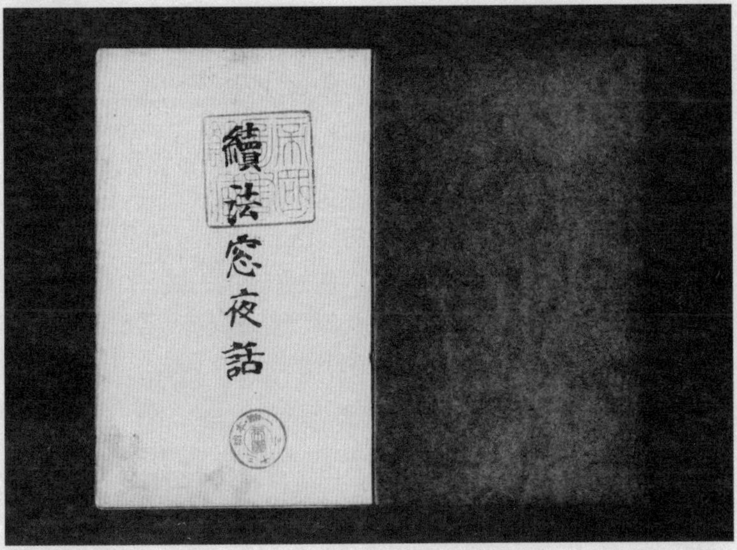

《续法窗夜话》首版书影（1936年）

日本民法三杰：富井政章、梅谦次郎与穗积陈重（右坐者）

明治三十七年的穗积陈重（50岁）

大正四年的穗积陈重（60岁）

大正十四年时任枢密院议长的穗积陈重男爵（70岁）

序　言

我为父亲之著《法窗夜话》写序，乃二十一年前之事，彼时我尚在英国首都伦敦留学。如今父亲逝世十周年之际，再次为父亲遗著《续法窗夜话》写序，不禁令人慨叹万千。

《法窗夜话》于大正五年一月出版，如该书序文中所记，其契机，是父亲每夜为大学时代的我讲述法学之“传奇故事”，其实，早在父亲海外留学期间，便已在脑中有所构思。父亲归国后，从明治十八年至二十五年，曾以“法斋主人”之笔名，在《法学协会杂志》的漫笔栏以“法窗杂话”为题，发表数篇文章，这些文字之后皆成为《法窗夜话》之素材。本书卷尾附有植木博士之文，详记父亲如何将《法窗夜话》之故事常年记挂于心。

《法窗夜话》乃父亲所有著述中最为通俗之读物，亦是唯一一部，因此备受欢迎，竟再版十次，在父亲生前，读者便早已有续篇之渴求。我整理父亲遗稿时，偶见一纸质文件夹，内竟有数十份贴有“续夜话”之便签的原稿，完整章节者，恰好五十篇。这些原稿应是《法窗夜话》出版后所写之文字，乃续篇之准备，但其中也有颇为早期之作品，如本书第二十四话，乃明治十八年七月《法学协会杂志》第十七号（第64页）上刊登的《半聋的陪审员》。

父亲生前未能如愿之续篇，我虽有刊行之念，然而五十篇之数，委实不足，至少应与前书同为一百篇方才妥当。我忽想起，父亲曾说过，《法律进化论》乃专业之巨著，恐寻常读者无法通读，可从中撷取典故、旧事，汇编为通俗读物。鉴于此，我便从《法律进化论》中摘取若干掌故，权当尊其遗命，连载于《法律时报》之“有闲法学”上。发表之篇数恰为四十九篇，我便亲自补出一篇，共得百篇，续篇之事遂成。后五十篇之文字，我已尽力依据原文改写，却不免带有些许自己的文风，与前五十篇之风格、语法略有所异。

如此这般成就了本书，标题定为《续法窗夜话》，此书名亦是父亲生前拟定。夹有前五十篇原稿的文件夹背面，就有父亲亲笔题写的此五字。本书封皮背面及卷头题字便使用了父亲的该笔迹。①

书中插图与周边文字结合而读便可知晓其意，其中有

① 这里指原书的情况，因技术原因，本译本未采。下段提到的插图情况，亦同。——译注

两幅肖像，在此略提一二。头戴假发之肖像，乃明治十二年，父亲从伦敦中殿律师学院毕业、获得出庭律师资格（barrister at law）时所摄之纪念照，当时父亲二十五岁，头戴象征学位之假发，身披长袍，手握文凭。另一幅肖像（作为卷首画已收录于文本库《法窗夜话》）摄于父亲正执笔《法窗夜话》之时，即明治四十二年，当时父亲五十五岁，由次子律之助拍摄。如今我亦即将五十五岁，反省时却不免内心羞愧。

本书之编纂与刊行，依然仰仗植木直一郎博士之协力，并获得穗积奖学财团之莫大支持，父亲遗稿的编纂事业，亦在其殁后十年间得以出版十一册，约五千页。目前虽尚遗《隐居论》一书之增订重版，但纯粹的遗稿出版在多方协助下，于父亲逝世十周年之际终于完结，在此衷心感谢财团诸贤及植木博士，相信父亲在天之灵亦必感恩怀德。

父亲研究著述之态度，便是面朝“穷究法律之奥义”之大目标，稳健切实地逐步行于法律进化论之大道上，同时亦对路旁之一草一花心有所系，时时停步暂歇。如此中途止步观花之低徊趣味，[①] 虽是父亲慨叹日暮而道远之一因，但父亲于道旁采撷之花，不知为其法学之途增添多少风雅之气。由“道旁之花”编织而成的首个花环，便是《法窗夜

① 低徊趣味：日本近代文学大师夏目漱石（1867–1916年）在评价东洋诗时的用语，即以旁观者的宽容来体会人生的态度。——译注

话》，如今已编织成形的第二个花环，亦来自父亲生前所摘之花。只是编织之人已非故人，修剪与搭配或许不合其意，且将古花新编之花环双手奉上，父亲十年之祭虽成，亦不过祭者一人之喜也。

昭和十一年二月

穗积重远

目　录

一、学者真勇似怯

学者眼中，真理之外，别无他物。且事物之真理，多数并非轻易可现，故轻信妄断乃学者最应严戒之恶事。培根（1561–1626 年）之名言“疑应速，断宜迟”，实为学者应常服膺之箴言。然世间之学者，往往急于成己之名，动辄匆匆发表研究成果，前提尚未充足，却一跃至结论，公示未成熟之理论，且洋洋自得。真学者知重视真理，故慎之又慎，轻易不下结论，且不与人妄争，常恐研究之不足而自省。因此，俗人眼中，绝世大家往往看似怯懦。笛卡尔（1596–1650 年）为避宗教人士之反对，去国离乡，从法国移居荷兰，且因其不喜琐碎争论，俗人甚至名不经传之学者皆视其为胆小怯懦之人。然而，可说出“我思故我在”之名言的大胆学者，世间能有几人。

霍布斯（1588–1679 年）与笛卡尔生于同一时期，且与其观点相左，却也被俗人视为胆小者。霍布斯曾坦言自己是天生的胆小者，因为母亲在西班牙无敌舰队攻入时受惊早产。当然，此番言论，定是霍布斯之戏言。霍布斯亦同笛卡尔一般，因躲避政治压迫而外逃至巴黎，随后又因躲避法国教徒之反对而返回伦敦。此番波折，并非由于霍布斯胆小，是为学说之大成而甘愿四处漂泊。倘若霍布斯乃胆小怯懦之人，则战败遁入伏木之源赖朝、[①]跃马跳檀溪之刘玄德，皆可算胆小之辈，而将既成之“自然淘汰说”深藏二十年不发布的达尔文（1809–1882 年），更是胆小者中之最。

据余观之，学问史上比笛卡尔与霍布斯胆大者甚少。笛卡尔之“我思故我在”岂非观念论上大胆无比之论断？霍布斯力排自古通行之人类堕落说，提倡人性本恶说，人类自然状态如狼群，国家之成立，源于为摆脱野蛮状态之契约。人类堕落说之思想，自《圣经》诞生之日起，便畅行无阻，世间质疑者几无，而霍布斯之论断与其迥然相左，岂非无畏至极？且当时英国正值民权论鼎盛之时，霍布斯却力主主权不可侵犯论，此番言论，当真出自一胆小鼠辈？窃以为，世人之所以将最大胆之唯心论者与最勇敢之唯物论者称为胆小者，皆因此二人乃大勇之人。学者真勇似怯，恰如大智若愚。

---

① 1180 年 8 月，源赖朝在石桥山合战中败北，藏身于伏木的洞穴中。伏木，日本富山县高冈市北部的地区。——译注

霍布斯著作《利维坦》1670 年版

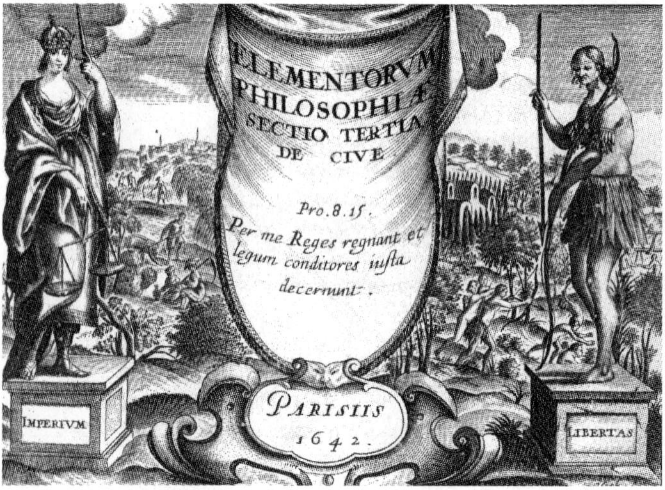

霍布斯著作《论公民》初版（1642 年）

二、“宪法”一词

“宪法”一词，究竟于何时起存于文献之中？

中国《国语·晋语九》中有“中行穆子曰：赏善罚奸，国之宪法也。”《管子》中亦有“有金城之守，故能定宗庙，育男女矣。有一体之治，故能出号令，明宪法矣。”上述文字，应为“宪法”最早之记录。当时称治者之号令为宪法，从《管子》之文中便可获知。

再者，《国语·周语》中有“以为宪法”一句，且《后汉书》中亦可见“撰定国宪”“法宪颇峻”“乖宪意”等语句，皆将“宪”作“法”之同义。此外，“宪”“法”同义之例，可见于《文选·奏弹》之“肃明典宪”（引自《唐律疏义》卷一）、《唐律疏义》之“咸有天秩，典司刑宪”“今之典宪，前圣规模，章程靡失，鸿纤备举，而刑宪之司执行殊异”、《唐律疏义·注》之“宪者法也”。依此考之，中国古典中所载“宪法”一词，乃“法”及“法律”之同义词。

然，“宪法”一词中，“宪”是否为“法”之形容词？

中国古典中不乏赋予“宪”字“悬”之意者。《周礼》中《天官》小宰之职一文中有：“正岁，帅治官之属而观治象之法，徇以木铎，曰：不用法者，国有常刑。乃退，以宫刑宪禁于王宫”。郑玄注曰：“宪谓表县之，若今新有法令也。”《周礼注疏》中记：“凡刑禁皆出秋官。今云‘宪禁’者，与布宪义同，故小宰得秋官刑禁文书，表而县之于宫内也。”（《周礼注疏》卷三）正如《周礼》小宰之职一文中所述，小宰“掌建邦之宫刑，以治王宫之政令，凡宫之纠禁”，乃总辖王宫刑政之职。故每年正岁时，小宰率天官治官之属（隶属天官之官吏），同观治象之法，观法之际，必振木铎，警醒众人以明观，此外，更悬宫刑于王宫，令周知。

《周礼》中描述冢宰治官之职、内宰之文中有：“正岁，均其稍食，施其功事，宪禁令于王之北宫，而纠其守。”内宰掌北宫——后宫之事，故与此相关之禁令，则悬于北宫（后宫）示众。此外，《周礼》秋官、小司寇之职中记有：“正岁，帅其属而观刑象，令以木铎曰：‘不用法者，国用常刑。’令群士，乃宣布于四方，宪刑禁。”有注曰：“宪表也，谓县之也。”《周礼》士师之职一文中记有：“正岁，帅其属而宪禁令于国及郊野。”《周礼》中秋官、司寇之下有布宪一职，文中有：“布宪掌宪邦之刑禁。正月之吉，执旌节以宣布于四方。

而宪邦之刑禁，以诘四方邦国，及其都鄙，达于四海。”其注亦写道：“宪表也，谓县之也。”

就上述所举“宪”字用例考之，再辅以法令公布之历史，便可获知，中国古代所用之“宪法”一词，具有“悬示之法”即“揭示法”之意。

此外，在中国典籍中，不少“宪”字有“显”之意，即“非常明快”之意。例如，《中庸》第十七章中有：“诗曰，嘉乐君子，宪宪令德”。而同一句在《诗经》中，“宪宪”则为“显显”。《中庸》第三十一章中有：“仲尼祖述尧舜，宪章文武”。此“宪章”应为“彰显”之意。

据此可考，“宪法”一词与“明法”或“严法”同义，而“宪”为“法”之形容词，表达“显著”或“明快”之意，亦有其例。余对此最为关注者，则为本邦“宪法”一词之初现，于《日本书纪》推古天皇十二年之条文中，“宪法十七条”旁注有训读之音：“イックシキノリトヲアマリナナヲチ”（参见岩崎男爵家所藏《日本书纪》推古纪）。据此推断，圣德太子亲笔所写之十七条条规即为“严法”（宪法），“イックシ”乃“明正”“严明”之意。岩崎男爵家另藏有《御成败式目》，虽为后世之书，但书中记有：“圣德太子摄政居关白，作十七条御宪法也，宪，明也，法也，言，为明法，心也。”据此训读之法推之，推古纪十二年之文中所见之“宪法”一词，乃“严法”“明法”“显法”之意，“宪”必是“法”之形容词。

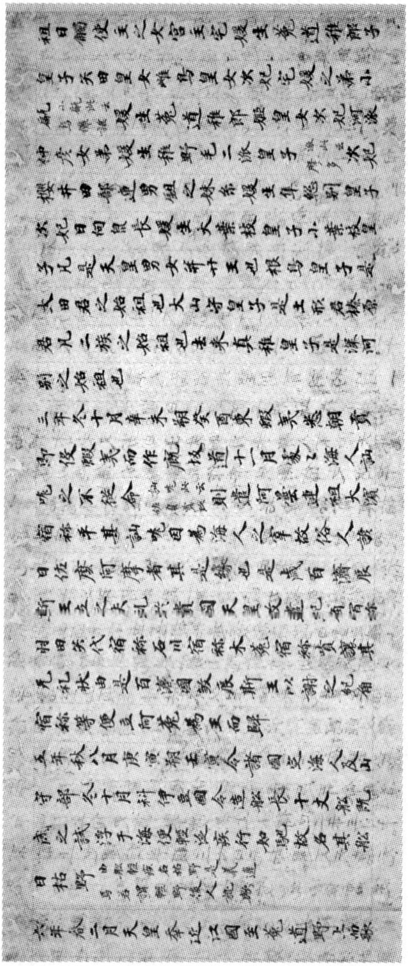

《日本书纪》平安时代抄本

如上文所述，本邦史籍中最早出现“宪法”一词者，是《日本书纪》推古天皇十二年之文：“夏四月丙寅朔、戊辰，皇太子亲笔作宪法十七条。”十七条全文载于《日本书纪》中，乃本邦成文法之鼻祖，且因其为本邦最古之长篇汉文而举世闻名。据《日本纪略》所载，平城天皇于大同二年八月甲戌颁布《十五条宪法》，然国史中相关记载欠缺，其内容不可知。

《令义解》[①]之序文中有如下词句：“富轻贫重。宪法归贿赂之家。”旧注之说（引自《讲令备考》）将其注释为：“言富者有求赂，故轻其断，贫者无望于得，故重其比，是以天宪王法归于贿赂之家也。”《仪制令》[②]中有规定曰：“凡内外官人有恃其位荫，故违宪法者……”《令义解》之注释为：“故违宪法者，故不下马，及失礼触忤之类。”《令集解》[③]之朱说[④]中记有：“违宪法，谓广斗敲诈欺之类，皆约者……”由此可见，令中之“宪法”乃一名词，意为国家制定之法令。

---

① 《令义解》：官方解释日本古代国家基本法《养老令》的书籍，共 10 卷，淳和天皇命右大臣清原夏野编纂，天长十年（公元 833 年）完成。——译注

② 《仪制令》：日本根据唐代律令中的仪制令制定了日本的大宝令与养老令。——译注

③ 《令集解》：公元 9 世纪（868 年左右）编纂的《养老令》注释书，全 50 卷，现存 35 卷，由学者惟宗直本私人编纂，故与《令义解》不同，不具有法律效力。——译注

④ 朱说：明法家撰写的注释。——译注

此外,《续日本纪》天平二年九月之条文中记有:“又近京左侧山原,聚集多人,妖言惑众,多则万人,少乃数千,如此之徒,深违宪法,若更因循,为害滋甚,自今以后勿使然。”文中“宪法”明显指代国家法令,造妖书妖言者,及传播惑众者,将严刑处置,此乃《贼盗律》中之规定。

镰仓时代,幕府法令称为《式目》或《式条》,亦曾用《率法》《制符》《教令》《条目》《篇目》等名称,“宪法”一词亦曾使用。《御成败式目》第三十条中记载:

> 遂问注辈不相待御成败执进权门书状事。
>
> 右预裁许之者,悦强缘之力,被弃置辈者,愁权门之威,爰得理之方人者,频称扶持之芳恩,无理之方人者,窃猜宪法之裁断,黩政道职而斯由,自今以后慥可停止也。

此外同书末尾处所附之沙弥净元等人联署之誓词中亦出现“宪法”一词:

> 御成败事切之条条,纵虽不违道理,一同之宪法也,误虽被行非据一同之越度也。

前文之“猜宪法之裁断”,清原萱贤于《式目抄》中对其注释曰：“宪法中虽有御成败，猜忌也。”《久原本贞永式目》（《御成败式目》之注释书）中亦载有“宪法之裁判，非宪法猜忌也”等句。然，所谓“宪法之裁断”，无疑意为“合法之裁断”或“正理之裁断”。而后者之“一同之宪法”，应意为“一同遵守之法”或“正理”。

《尘芥集》乃奥州伊达家十三代当主稙宗于天文五年制定之书，全书皆以假名写成，且条数极多，此二项虽与《御成败式目》大异，但体裁却完全模仿《御成败式目》。例如，文末有上总介金泽宗朝[①]以下的诸位重臣之呈请文，其体裁全然仿自《御成败式目》。前文“御成败事切之条条，纵虽不违道理，一同之宪法也”（《御成败式目》）之句，于《尘芥集》中以假名写作：“せいはいの事、たしかにでうでう、たとひだうりにちかはずと云共、一同のけんばう也。”两者可彼此对照，颇有趣味。

《御成败式目》中所见之“宪法之裁断”“宪法之沙汰”等用语，于镰仓时代及后世皆为常用之词。《吾妻镜》中文治元年二月五日之条文中写道：“各可致宪法沙汰之趣，进起请文。”高野山文书代表作《宝简集》三十八卷中载有天野社长床众言上书案（载《大日本古文书》高野山文书之一，该书编者称其或发生于正安二年八月），内有“为神明，

---

① 金泽宗朝：伊达氏家臣，是当时的上总介。上总介是日本古代令制国之一的上总国的首长官称。——译注

为山卧，可有宪法之御沙汰者哉”一句。此外还有一例，《沙汰未练书》中写道：“就根本理非，可仰宪法上裁。”

上述例文皆将“宪法”二字作形容词之用，除此之外亦有不少书籍并不将“宪法”指代法令，而作形容词来用。例如，《东寺百合文书》中记有一纸申状，乃建武元年八月，东寺领弱狭国太良庄[①]的百姓所呈交，其中一句为：“欲早被改当地头御代官以正值宪法御使可有御年贡物御收纳由被仰下事。”《早云寺殿二十一条》其中一条为：“拜，身之行也，惟直持柔心，为正直宪法，敬上怜下，有为有，无为无，持如实之心，方合佛意冥虑。”此二处“宪法”一词应为“合法或正理之御使”“正直且合法或合乎正理”等意。除此之外，《东寺百合文书》之永正十一年五月的组合连署呈请文中写道：“于入目宪法众中可有算用者也。”《信长记》之天正三年越前征服之际命诸将听令之条令中有一句“公事篇之仪，应顺路宪法，决不存徇私偏颇，可为裁许。”此处“宪法”，应与上文所提之“宪法”同义。至《长曾我部元亲百条》一书，内写有“谱代者定事，（中略）若背此旨，主取于仕者，一往相届，以宪法取返，又可召遣欤。”无疑将“宪法”用作“法”或“正理”之意。

正如上文所述，德川时代之前，“宪法”一词之意并非固

① 太良庄：日本镰仓时代至室町时代中期的弱狭国（现今福井县小浜市）内的一个庄园，归属东寺（教王护国寺）。——译注

定，然至德川时代，“宪法”已泛指“法规”或“法令”。《宪法部类》《宪法类集》等书名声远播，书中法令，从武家诸法度、殿中向、御城内等法规开始，至诸佣仆、养子、族长、夫妻，以及借款、行骗、偷盗、异国船只等诸多方面，皆分类编纂，其中“宪法”一词，用意颇广。此类用词沿用至明治时代，因此，明法寮编纂之书《宪法类编》仿若如今之《法令全书》，而经已故木村正辞博士之手编纂、分类收录从推古天皇至庆长年间各类法令之书，起名为《宪法志料》，由司法省出版，此“宪法”仍被用作“一般法令”之意。

“宪法”乃汉语词，语感庄重，闻之便有重要法律之感，然而本邦于明治中期前，并非如现今般将其用作国家根本法之意。因此，当西洋法学初入本邦之时，学者必须为“constitution”或“verfassung”铸造新词。正如《法窗夜话》中所记（参见第五十话），安政四年，美国人裨治文于上海出版《联邦志略》，将合众国的“constitution”译为“世守成规”。而福泽谕吉于庆应二年出版之《西洋事情》一书中，将其译为“律例”。庆应四年，津田真道先生出版《泰西国法论》，书中使用“根本律法”“国制”“朝纲”等词汇，同年，加藤弘之先生于著作《立宪政体略》中，将其译为“国宪”，随后明治五年出版之《国法泛论》中，亦使用“国宪”一词，而“宪法”一词反而对应了“Gesetz”，即成文法。因当时“宪法”尚未成为“constitution”之译词，故明治七年五月二日《议院宪法颁布之诏》中出现："（前略）故先召集地方长官，代人民协同公议，乃颁布议院宪法，各员遵守之。"正如"议院宪法"所示，此处"宪法"仅作"议院法"之用。

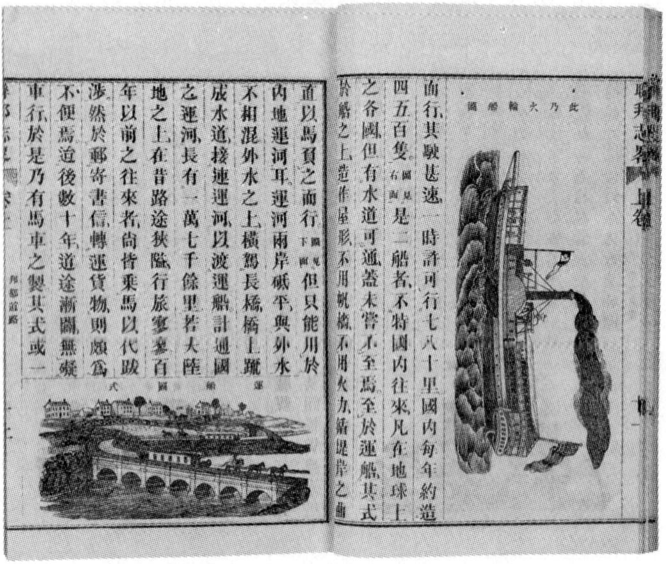

此乃火輪船圖

面行其駛甚速一時許可行七八十里國內每年約造
四五百隻（右面圖是）二船者不特國內往來凡在地球上
之各國但有水道可通蓋未嘗不至焉至於運船其式
於船之上並作屋形不用帆檣不用火力惟從岸之邊
道以馬負之而行（下面圖是）但只能用於
內地運河耳運河兩岸砥平與外水
不相混外水之上橫駕長橋橋上蹤
成水道接連運河以渡運船計通國
之運河長有一萬七千餘里若大陸
地之上在昔路途狹隘行旅寥寥百
年以前之往來者尚皆乘馬以代跋
涉然於郵寄書信轉運貨物則頗爲
不便焉迨後數十年道途漸闢無礙
車行於是乃有馬車之製其式或一

邦國道路

運船圖式

裨志文著作《联邦志略》书影 1

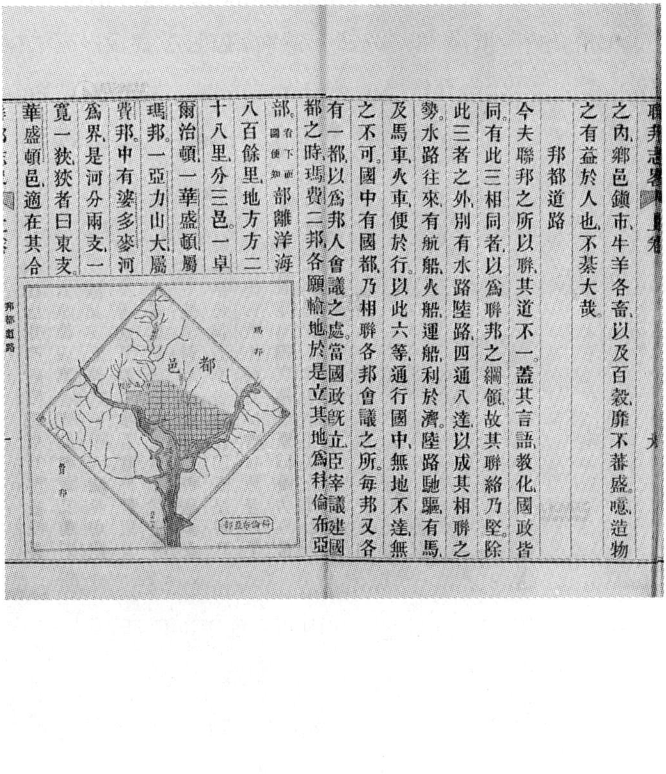

之內、鄉邑鎭市、牛羊各畜、以及百穀、靡不蕃盛。噫、造物之有益於人也、不綦大哉。

邦都道路

今夫聯邦之所以聯、其道不一。蓋其言語、教化、國政皆同。有此三相同者、以爲聯邦之綱領、故其聯絡乃堅。除此三者之外、別有水路陸路、四通八達、以成其相聯之勢。水路往來有航船、火船、運船、利於濟。陸路馳驅有馬、及馬車、火車、便於行。以此六等、通行國中、無地不達、無之不可。國中有國都、乃相聯各邦會議之所。每邦又各有一都、以爲邦人會議之處。當國政既立、臣宰議建國都之時、瑪費二邦各願輸地、於是立其地爲科倫布亞部。看下面圖便知部離洋海八百餘里、地方方二十八里、分三邑。一卓爾治頓、一華盛頓、屬瑪邦。一亞力山大、屬費邦。中有婆多麥河爲界、是河分兩支、一寬一狹、狹者曰東支、華盛頓邑、適在其合

禆志文著作《联邦志略》书影 2

然而，何人最早赋予“宪法”一词现今之意义？箕作麟祥博士是也。明治六年（1873年）出版之《法国六法》中，“constitution”被译为“宪法”。然而，彼时学者皆以宪法指代寻常法律，认为箕作博士所作译词不当。因此，连此后参与帝国宪法起草之已故井上毅先生，于明治八年（1875年）翻译普鲁士宪法时，所用词汇仍为“建国法”。明治八年之《东京开成学校一览》依箕作博士之译语，采纳“宪法”一词，然翌年复改为“国宪”。明治十三年（1880年），东京大学学科中仍称其为“国宪”。明治十年司法省出版之《宪法志料》，亦将“宪法”视为法令广为使用。

由此可见，箕作博士所作译语，当时并未被广泛采纳，反而庆应四年加藤弘之博士于《立宪政体略》中所作之词“国宪”则被大量使用。本邦“国宪”一词究竟何时初现于文献之上，尚未分明，然据余所知，《经国集》卷二十所载的天平五年大神直虫麻吕之策问中便有如下一段话：

> 明主立法，杀人者处死，先王制礼，父仇不同天，因礼复仇，既违国宪，守法忍怨，爰失子道。

此外，《续日本后纪》所载的仁明天皇天长十年十二月己丑之诏中写道：“朕不免叡讬，驭朽乘奔，瞻公卿而竞怀，顾兆庶而轸念，思弘国宪，无亏成规。”此二书应为最古老之

加藤弘之著作《立宪政体略》封面（早稻田大学藏书）

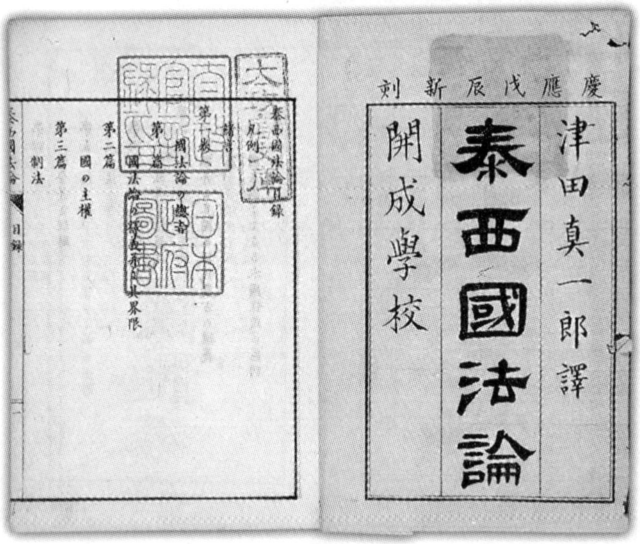

津田真道《泰西国法论》(1868 年)书影

例。明治天皇于庆应四年（明治元年）三月宣布五条御誓文后，就五条御誓文征询山阶宫晃亲王之意见，并令其作秘密奏文。因此，翌年，即明治二年四月二十二日，晃亲王奉命将相关意见成文，呈交奏文。听闻当时文书保存于皇族御手文库中，有如下一文：

> 御国中大小种种变更可为，条条可为，尤重大之事乃国宪，全郡县全封建之事，方今决而不可行哉，乍恐君政三个、民政二个之中，君民同治，创立公明正大确然不拔之国宪，为御中兴之御盛业。

山阶宫应对五条御誓文之答案中，已然可见“国宪之创立”一语。此后，明治八年四月，天皇下旨创设元老院，渐次创立国家立宪之政体。同年七月，元老院开设，翌年，即明治九年九月七日，明治天皇召元老院议长有栖川宫炽仁亲王入宫，其诏书中写道：“朕爰基我建国之体，广斟酌海外各国之成法，以定国宪，汝等宜起创草案以闻，朕将选之。”而天皇再次召见炽仁亲王时所写之敕语中亦有：“国宪创立乃国家之重典，千载之伟业，汝等励精事从速竣效以奏。”彼时尚未使用“宪法制定”一词，而以“国宪制定”代之。如是，立时委任国宪调查委员，由当时元老院议官柳原前光、福羽美静、中岛信行、细川润次郎四位担当，形成国宪调查委员组织。

明治九年九月，设于元老院中之国宪调查委员开始调查国宪，直至明治十三年十二月，委员努力起草之国宪草案，于同年十二月，由时任元老院议长大木乔任氏呈奏天皇。据子爵金子坚太郎氏（现伯爵）所言，当时所创之国宪草案中，最初写作“日本帝国国宪”，最后除去“日本帝国”四字，仅称为“国宪”，全文共九编八十七条。

上述国宪调查委员起草之国宪草案呈奏天皇后，政府就如何处理《国宪》展开朝议。时任参议之大隈重信于明治十四年三月奉文上奏，就国议院之开设、宪法之制定上奏七条意见，其中一条写道：“应以宸裁制定宪法。”此外，大隈重信同时添附《日本国国宪案》上奏，其草案从第一编至第十八编，条数合计二百二十条，可谓颇为急进。

至明治十四年十月十二日，天皇颁布开设国会之大诏，定于明治二十三年召开国会，故宪法制定一事已矢在弦上，遂于翌年（明治十五年）三月三日，下诏参议伊藤博文，命其“至欧洲立宪各国，与其政府及硕学之士相接，观察其组织及实际情形，无遗余蕴”，归来以其为资，编纂适合我国体之宪法。天皇将记载宪法调查要领之书信赐予伊藤公，其第一项便写道：“就欧洲各立宪君治国之宪法，应寻其渊源，考其沿革，视其现行之实况，研究利害得失之所在。”伊藤公奉天皇之命调查宪法，最终将“宪法”一词定为“constitution”

或“verfassung”之恰当译语，于是，帝国大学亦自明治十七年起，始用“宪法”一词。

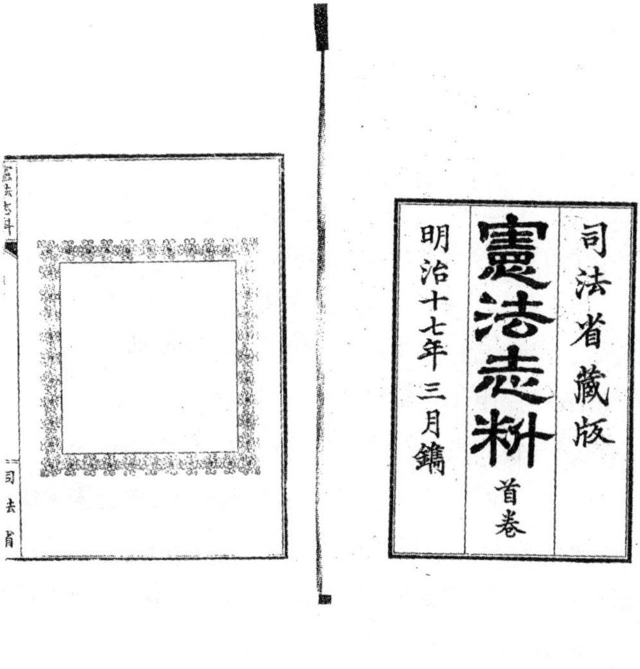

明治十七年《宪法志料》书影

三、十二表法

罗马十二表法（Lex Ⅻ Tabularum）乃文明诸国之母法——罗马法之基础，世界法律史中最为知名之法。十二表法之制定，皆因古罗马民权之发达，当时罗马人由贵族（patricii）与平民（plebs）两大阶级构成。建国以来，贵族专权，尤其法律知识，更是贵族秘密占有之物，平民无一人知法，因此，无论贵族如何滥用法律虐待平民，平民皆无法依靠法律自我保护。为此，平民时常处于债务者之位，而贵族则为债权者，当贵族与平民之间产生诉讼，即便贵族法官滥用法律，作出不公之裁，平民亦无从得知；反之，即便裁决公平，平民因不知法，亦会生法官不公之偏见。因此，平民时常愤恨贵族之专横，至共和时代，平民频频为废贵族特权、获平等权利而努力。罗马之后产生之内讧，常为两大阶级之争，平民逐渐得势，竟至法律上贵族与平民一视同仁之境地。十二表法便是贵族与平民势力相争之产物，可谓民权扩张之纪念碑。

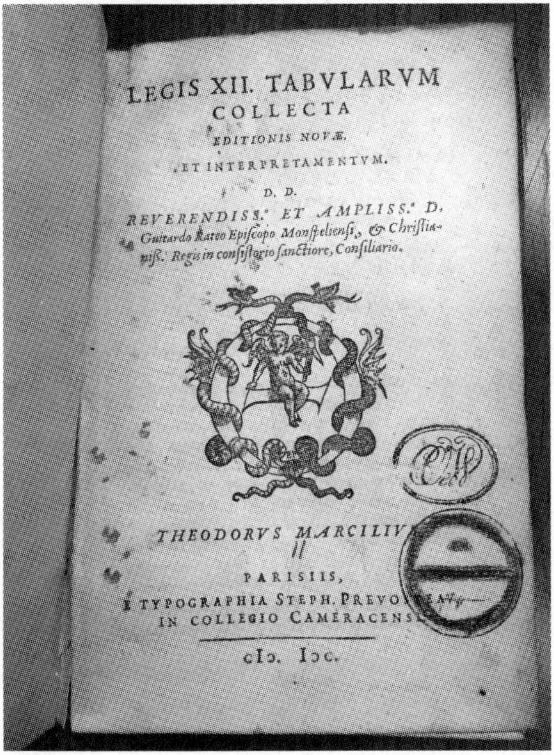

LEGIS XII. TABVLARVM
COLLECTA
EDITIONIS NOVÆ.
ET INTERPRETAMENTVM.
D. D.
REVERENDISS.° ET AMPLISS.° D.
Guitardo Rateo Episcopo Monspeliensi, & Christianiss.° Regis in consistorio sanctiore, Consiliario.
THEODORVS MARCILIV
PARISIIS,
E TYPOGRAPHIA STEPH. PREVOS
IN COLLEGIO CAMERACENS
cIↃ. IↃc.

《十二表法》(1600 年版）书影

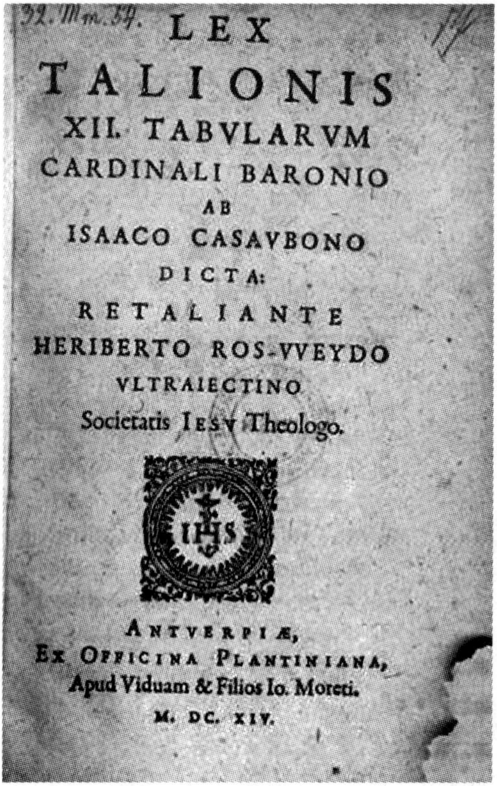
32. Mm. 34.

LEX
TALIONIS
XII. TABVLARVM
CARDINALI BARONIO
AB
ISAACO CASAVBONO
DICTA:
RETALIANTE
HERIBERTO ROS-VVEYDO
VLTRAIECTINO
Societatis IESV Theologo.

ANTVERPIÆ,
EX OFFICINA PLANTINIANA,
Apud Viduam & Filios Io. Moreti.
M. DC. XIV.

《十二表法》(1614年版)书影

在十二表法之前，公元前 462 年，保民官盖尤斯·特仑提鲁斯·阿拉斯（Gaius Terentilius Arsa）为抑制执政官之专横、调和贵族与平民之关系，提出法案，建议选举十人，制定公平成文之法律。然而法律一旦成文且公布，贵族便无法垄断作为特权源泉之一的法律知识，故极力反对。可平民依然热心致力于法案之通过，尔后五年间，此成文法制定案成为两大阶级间激烈争论之主题，青年贵族时常蜂拥闯入平民议会，妨碍其议事，而贵族与平民两方首领中亦多有暗杀事件，几成内乱。公元前 457 年，贵族议会妥协，同意平民选举的保民官由五人增至十人，以此宽慰平民。然而平民坚持成文法制定乃民权之基础，并不满足于区区保民官之增员，相关争议随后持续三年不止。至公元前 454 年，两阶级间协定渐成，保民官不再逼迫“特仑提鲁斯法案”通过，而贵族则同意重新制定公平之成文法，派遣三人委员（Triumviri）赴希腊及意大利南部的希腊殖民地，调查梭伦之法及其他法律制度。三人委员于公元前 452 年归国，借机发动改革，停止执政官等人之职，选举出十人委员（Decemviri），任命阿庇安·克劳狄乌斯·凯库斯（Appius Claudius Caecus）为总裁，由十人委员全权负责法律编纂，同时独揽政权，成为行政、司法、军事的最高机构，即后世所称十人委员政治。

翌年，即公元前 451 年年末，新法草案成，议会立即通

古罗马时代的十人委员制

过成为法律，书于十块木板之上，公示于古罗马广场之自由殿（Atrium Libertatis）。十人委员因失民心，翌年去职，新十人委员就职后，追加数条法律，再悬两块木板。前后共计十二块公示表，各表皆记载数条法规，这便是后世赫赫有名的十二表法。

十二表法之公示板，自古便有种种传说，或是铜板，或是木板，甚至有象牙雕凿之传言，听闻现时之学者已概不采纳铜板说、象牙说等。沃伊特［Voigt，Die Ⅻ Tafeln（2vols.1883-1884）］调查十二表法最为详尽，其赞同以石灰漆白木板之说。此外，十二表法之文字究竟为雕刻抑或书写，亦是众说纷纭，迄今未有定论。

十二表法之原板，传闻已于高卢人入侵罗马时遭焚毁。亦另有一说，十二表法损毁之后立即再造，五百年后竟归乌有。总之，十二表法已全形散佚，近世学者煞费苦心，或收集诸书引用之原文，或从论述其法规之趣旨中推及，尽力复原。

罗马人当时以十二表法为民权之基础，极为尊重，至后世仍不吝称扬，据西塞罗（Marcus Tullius Cicero）称，连儿童亦须记诵。

四、佛罗伦萨抄本 (Florentina)

查士丁尼大帝法典中最为贵重之《学说汇纂》得以流传后世，全因佛罗伦萨存有其手抄本，此手抄本现今已成为佛罗伦萨之宝，被称为“Florentina”，即《佛罗伦萨抄本》，该书不仅为佛罗伦萨之宝，亦为天下至宝。公元十二世纪，该抄本已成为比萨市之宝。公元1248年，人们为保护抄本而制定细密的法律规定，自此，该抄本作为法律史上独一无二之珍宝而举世闻名。

据特奥多尔·蒙森（Mommsen）的研究，公元六世纪或七世纪时，《佛罗伦萨抄本》由十二位希腊人以安色尔古字体（uncial）手抄而成，且听闻，由另两人同时同处共同校勘。查士丁尼大帝之《学说汇纂》编纂后，时隔不久，《佛罗伦萨抄本》便问世，自古以来，流传于诸国之无数《学说汇纂》抄本，皆直接或间接复写自《佛罗伦萨抄本》，故现今罗马法学相关知识，可谓皆同出一源。

此部法律史上之珍宝，究竟如何传至比萨，历史上并未有明确记载。或是自查士丁尼大帝所在首都君士坦丁堡流出，或是比萨人占领阿玛尔菲（Amalphi，那不勒斯南部城市，面向萨莱诺湾）时，将其作为战利品带回，但无论何种传闻，皆无确证。该抄本传入佛罗伦萨的时间为1406年，佛罗伦萨人征服比萨时，将该书作为战利品带回，藏于宫中公库直至1786年，尔后被收入劳伦西亚文库（Laurentia）。抄本传入佛罗伦萨后，便以《佛罗伦萨抄本》之名著称于世。

五、条数最多之法典

古今法典中，条数最多者，当属普鲁士国法——《普鲁士普通邦法》。该法典并无统一编号，故将全部条数统计后，所得数字为 17610。其中条数最多者为第二部分第八章，共计 2464 条。最少者为第二部分第十二章，仅 18 条。

《普鲁士普通邦法》首版封面(1794 年)

六、臣民

“臣民”一词，乍看仿佛古来常用之语，然而实为帝国宪法制定时新创之词汇。其对应的英语“subject”、德语“Untertan”，所指之意乃对一国主权绝对服从之国人，而恰巧本邦彼时尚无正确表述此观念之语，故用该词。上述缘由，余自当时宪法执笔人处听闻之。诸多汉学家对“臣民”一词颇有微言，只因有古典出处之语皆为是，而无古典出处之语全为非，诸位先生之非难如下所述。

帝国宪法虽将“臣民”作一词用，然臣与民本为二物。“臣”于《说文》中为“事君也”，《字典》中亦是“仕于君曰臣”，乃官宦也。而“民”则为百姓，乃非官役之一般庶民。故古来并无“臣民”一词。纵然有之，亦指官宦与庶民。明治维新中，五条御誓文写有“官武一途庶民至迄”，明显指代民之非在官者。

国学者中亦有持此论调者。其认为，臣之发音为“おみ”，乃“大身”（おほみ）之约音，乃仕君者之尊称，而“民”发音为“たみ”，乃“田身”也，即田部、田人之意，概指务农之百姓。故若相连为“おみたみ”，则意为“臣与民”，不可合二为一。

伊藤公以《帝国宪法义解草案》示多位学者，求其意见时，余恰巧忝居末座，便对诸位汉学家、国学家辩明，“臣民”乃表新观念之词，意为服从主权之国人，纵然为无典故之新词，亦无关大体。然诸位先生并未充分理解。故余更深入调查，果不其然，中国古代用语中，“臣”与“民”乃截然不同之词，臣好比如今之官吏，即统治权之机关，属治者，而民为众庶，即一般民众，乃统治权之客体，属被治者。在中国，一国由君、臣、民三者构成，直接的服从关系存在于君臣之间，君令而臣行、民依，即第三者之民乃统治之目的物。因此“臣民”一词，并非指代一物，乃“臣与民”之合称。例如，《礼记·曲礼》中有一文：“五官之长曰伯……于外曰公，于其国曰君。”孔颖达之疏中记：“向国外之人，其自称曰公也，其国，采地内也，与采地内臣民言，则自称曰君。”（《礼记义疏》）《礼记·曲礼》中另有一文：“九州之长，入天子之国曰牧……于外曰侯，于其国曰君。”孔颖达之疏中记：“自称曰侯，若与国内臣民言，犹自称为君也。”（《礼记义疏》）《礼记·曲礼》中记：“君天下曰天子，朝诸侯、分职授政任功曰予一人。”其朱注写道:“天子者,君临天下之总称,臣民通得称之,予一人则所自称也。”(《礼记集注》)前两句所言之事,乃对国内臣民自称为君,后一句则是臣民皆称君为天子。

《说文》中对“臣”之释为:“牵也,事君者,象屈服之形。”对“民”之释为:“萌也,言萌而无识也。”《诗经》中有文曰:“宜民宜人”,其注为:“人谓臣,民为众庶。”由此可知,“臣”与“民”并不混为一谈。另《书经》之“咸有一德篇”中有文如下:“任官惟贤才,左右惟其人,臣为上为德,为下为民。”可知臣位于君民之间。《礼记》“礼运篇”中记:“仕于公曰臣,仕于家曰仆。”臣乃直接仕君主之人,私宅中仕主人者为仆。除此之外,进一步阐明臣民区别之论述,乃韩退之之《原道》。

> 是故君者,出令者也;臣者,行君之令而致之民者也;民者,出粟米麻丝,作器皿,通货财,以事其上者也。君不出令,则失其所以为君;臣不行君之令而致之民,则失其所以为臣;民不出粟米麻丝,作器皿,通货财,以事其上,则诛。

依上例可见,臣明显属于统治之主体,民为统治之客体,两者地位相对,故将治者之臣与被治者之民合并为统治权之客体的名称，从字义上观之，确实无理。

然而，他处亦有将“臣”字扩大为“一般民众”之意，而“民”用作官宦之意的用例亦不少。例如，《诗经》小雅之名句“率土之滨，莫非王臣”，“臣”便泛指一般民众。此外，“民”字不限于非在官者，例如，大雅之“天生烝民”“厥初生民”，注曰：“民，人也。”而“民”明确指代官宦之例亦不胜枚举。例如，《谷粱传》之“古者四民：有士民，有商民，有农民，有工民。”注曰：“德能居位曰士。”由此可知，居位者亦为“民”。此外，《汉书》之食货志中有一文：“士农工商，四民有业，学以居位曰士。”此句明示，在位者之士亦为民级之一。《管子》中亦有“士农工商四民”一句。维新之初，就德川庆喜政权奉还一事，面向诸国所发之政事御亲裁之国书中写道：“日本国天皇告各国帝王及其臣人”，此处“臣人”应与“臣民”同义，可视其为“臣民”一词之先驱。

“臣”字意扩大之例并非一概皆无，如上文所述，《说文》中释其为“象屈服之形”，乃表拜伏之象形文字，此点“民”亦相通，加之若仅用“民”字言“人民”或“民人”，则恐闻之意义狭隘，仅余“庶民”之意，故帝国宪法执笔者为表服从主权之全体国人之意，将“臣”与“民”相连，作新语“臣民”，窃以为极其恰当。拘泥于典故，终究无法表达新事物、新思想。

七、非读，乃研究也

杰里米·边沁于名人布莱克斯通之课堂上听讲，为思考其讲义之正确与否而无暇下笔记录，该逸事已于《法窗夜话》（第六十八话）中详记。无独有偶，亚伯拉罕·林肯年少时从事法律研究时亦有相似轶闻。

林肯年少贫寒，开始学习法律。因缺乏笔墨之资，便收集废纸以充笔记之用，在房间以墙为纸，备忘之文布列繁密，竟无一处空白。林肯日间受雇于人须劳作，并无闲暇学习，遂于田野树下苦读，或于夜深人静时分挑灯夜读，孜孜无怠。

一日，林肯赤足坐路旁木堆之上，膝上置一书，正埋头阅读，一农夫路过，怪之，出言询问："所读何书？"答曰："并非读书。"农夫又问："若非读书，汝于此做甚？"答曰："研究。"问："研究何书？"答曰："并非研究书。"再问："研究何物？”答曰：“法律！”

所谓旃檀出叶便芬芳，英雄出少年。亚伯拉罕·林肯始于法学家而终于大总统，当年跣足垢面端坐路旁木堆之贫苦少年，他日入主白宫、端坐世界最大共和国总统之交椅，早已从此“研究”一言窥见端倪。

青年时代的林肯

八、上帝加护之盗窃

马达加斯加的禁忌研究者吉纳普论述财产权之起源，基本所有财产之原始状态皆为宗教性质，因此财产保护方法之原始状态亦为宗教性质，其禁忌标示即所有权之标示。（Arnold van Gennep, *Tabou et Totémisme à Madagascar*, 1904, p.184.）

在岛上，倘若要赋予外物神圣之性质，则必须作出有形标示，唯有如此，外物方才享有不可侵犯之性质。换言之，在岛上，一切物体之使用皆为事实上的关系，人们不过是通过智力或体力来占有外物，智力或体力优于他人者，便可恣意掠夺他人之所有物，哪怕自夸智勇过人，也无人敢责怪。因此，岛上社会尚未存在盗窃罪名，唯有被害者之复仇而已。

在这样的社会里，与文明社会中所有权相当者，唯有禁忌之保护而已；与财产相当者，唯有禁忌物而已；与盗窃罪相当者，唯有侵犯禁忌之行为而已。因此，在仅凭信念得以维持之社会中，物体禁忌便等同于法治社会中之所有权。

在马达加斯加，禁忌之习俗与公认偷盗之习俗对立存在，此例最适合解释禁忌乃财产权之起因。盗窃是对财产权的绝对否认，因此，盗窃与财产权乃水火不容的正反面观念。再者，在马达加斯加，公认盗窃的种族颇多，其中在中南部的萨卡拉瓦（Sakalava）、马哈法利（Mahafaly）、西部的巴拉（Bara）等部族中，盗窃在道德上及宗教上被大众所承认，在此习俗氛围下，全族皆以偷盗为业，族人之间相互窃取谷物、家畜，不仅无人以此为恶，反而认定其为智者之行为，许多人将偷盗作为发家致富的最佳手段。萨卡拉瓦人将偷盗品视为上帝“安卓利亚纳纳哈利”（Andriananahary）之馈赠，当儿童偷盗被发现时，大人虽会加以斥责，但并非责骂其行为有罪，而是在惩罚孩子因偷盗方法拙劣而导致败露。这种斥责，不过是一种教育方法，使子孙钻研偷盗的巧妙手段，实在令人咋舌。

在众人皆认可偷盗且认为偷盗成功乃神明加护之社会，自古财产观念之存在可能为零。然而，倘若社会仅存在如此蛮习而无其他对立之物，则人人自危，时常疑惧不安，社会各成员间联系便因此陷入极度薄弱危殆之状态，彼此之社会结合不久自然会分崩离析。倘若存在禁忌习俗，主张所有物之不可侵犯，与上述上帝加护之盗窃习俗对立，足以令财产所有之事实存在，可谓天道之妙趣。

据霍布豪斯著作《道德进化论》记载，其他地区亦流行允许盗窃之习俗。那加人（Nagas）居住在印度东部的阿萨姆，其中某些部族针对盗窃行为，采取罚款、笞刑或死刑等方式予以处罚，而其他部族则不以盗窃为耻。部分爱斯基摩人在偷盗过程中即便被他人发现，人们不怒反赞，称赞其灵巧麻利之技巧。非洲巴兰特人以偷盗为荣，而卡菲族酋长之子可随意盗取族中财物。（Hobbhouse, *Morals in Evolution* Ⅰ, p.334.）

九、死刑定而三奏

德川三代将军德川家光（元和九年至庆安四年在位），一日前往板桥边鹰猎，[1]黄昏时分回城，立即入浴。一侍浴僧侣名久庵，取热水以备将军冲洗，却未兑妥凉水，以致将军自舀一勺滚烫之水浇洗，虽未烫伤，然热水所到之处却已泛红，家光将军勃然大怒，立召丰后守[2]阿部忠秋进殿。忠秋不知所召何事，于御前听命，只闻将军怫然下令："因久庵之无念而浴热汤，实为可恶。命汝速将久庵父子三人斩首。"

忠秋畏而退出。久庵长子名六左卫门，于御膳房中任

① 鹰猎：日本古代盛行于朝廷和武士间的一种狩猎方式，使用经过训练的鹰捕捉鸟兽。——译注

② 丰后守：丰后国的长官。守：日本律令官制下四等官中最高的官。——译注

杂役，次子名养宗，乃僧侣，皆无过错。少顷，忠秋谓近侍曰："鄙人方才因惧君上之怒，未细听久庵父子之处罚，不知众位所闻如何？" 近侍诸人皆确信方才所闻之刑为斩首，然承命之人既未细听，如今何必断言，便众口一词，皆言不知。忠秋遂嘱托众人："既然如此，鄙人便重问上命，君上面有悦色之时，烦请告知。" 近侍思忖："君上确已下令斩首，如今丰后守却又重问君意，恐丰后守亦会因此受责。" 遂人人担忧不已。

是夜，将军用膳，饮酒阔谈今日狩猎之趣事，颇有兴致。丰后守听闻将军大悦，便进殿启奏："先前就久庵父子之处罚，将军确已下令，然鄙人因惧将军之怒，并未细听，故再次请命，当如何处置？" 丰后守躬身俯首，措辞缓慢。家光将军未置一词。近侍皆忐忑不安，不知将会如何。片刻，将军开口："立即流放八丈岛。" 忠秋领命退出，大喜，久庵父子流放远岛，本应斩首之三人，幸得忠秋之思虑，方免受身首异处之刑。时人评论道："凡死刑定而三奏，古语有之，今忠秋智深，又将军亦察忠秋再奏之忠，思忖此科死刑不当，改言远流，可谓稀世明君，君君臣臣，所谓君臣合体，当为此事，感佩也。" 此评论记于《宽明日记》中。

十、银台公三宥死刑

银台公，即熊本城主细川重贤，乃历经宝历、明和、安永、天明时代之贤诸侯，与和歌山德川治贞侯并称“纪州麒麟、肥后凤凰”。[①] 银台公对刑律颇为用心，从不轻易执行死刑。细川家最初只将死刑与流放作为正刑，自宝历五年起，增加笞刑、徒刑、黥刑。重贤主张刑宜轻，轻易不采用死刑，即便评定所之六奉行上书申请死刑裁决，亦三宥之，或是入狱处以笞刑，或是流放，或是黥刑。倘若犯人仍不悔改，三犯之后，方才问斩。而死刑执行当日，银台公终日自慎。

① 纪州：日本旧时的纪伊国，位于今和歌山县和三重县南部。肥后：肥后国，日本旧国名，位于今熊本县。——译注

十一、主观死刑废除论者

东有上杉鹰山公，西有细川银台公，而南予宇和岛之伊达村候公，亦为对刑律用心颇深之明君。村候公乃一主观死刑废除论者，治世期间，从未允许过死刑。

奉行[①]依律审判人犯，最终判处死刑，呈报村候公，公一概驳回，曰："诚然，该人犯应获死刑，然考虑个中原由，免死而流放如何？"因原审判无半分遗漏，确为死刑无疑，故执政之人亦次次就公之驳回如实禀告，旨在维持原判。然公却无动于衷，为免除极刑遍寻各方理由。然而，公之说辞，无非是"强词夺理，绞尽脑汁为其寻找存活之由"，故理由最终并不成立，村候公遂不出一言，沉默以对。于是执政之人将公之沉默视作默许，下令执行死刑。故"此人犯死刑"之语，村候公在治世期间，从未亲口吐露。

① 奉行：日本武士执政时代的官名，奉命处理事务。——译注

十二、死后刑罚

公诉权因被告人死亡而消失，此乃近代刑事诉讼法之原则，在文明诸国法典中，必然将其作为公诉权消灭之第一原因。因此，犯罪者若于公诉提出前死亡，则刑事诉讼不成立，若于讼诉提出后死亡，则审判终止。学者对此解释为，因刑罚权之客体欠缺，无可判刑之人，故无法达到公诉权之目的。人乃公诉权之客体，在此前提下，死亡即宣告公诉权消失，此乃理论上理所应当之结果。然而，近代刑法采纳此原则，完全基于人道主义，并非全是刑罚权之必然结果。例如，倘若在“法恶其罪而非恶其人”主义下，贯彻罪恶必罚之绝对正义主义，依春秋笔法，人虽已死，仍审判其所犯之罪，可宣告其刑罚。自古以来，其例不胜枚举，处刑情况，对其子孙身份、名誉、财产及其特权等皆有影响，因此，必须对死者所犯罪行进行审判宣告。在低等文明社会，根据绝对复仇主义，刑罚可延伸至人死后，鞭尸、掘坟、死后削爵等做法比比皆是。当一国刑法基于绝对鉴戒主义，惩罚既犯者，进而威慑未犯者，使其畏避犯罪，此时，刑罚权之客体，已非罪人，而是非罪人。因此，假若牺牲罪人可维持治安，则被告人之生死，并不妨碍审判或刑罚。

德川幕府武断的刑事政策，正是依据鉴戒主义公示酷刑，令世人胆颤，进而减少犯罪，因此，德川氏为自卫，以"锯刑后钉死"之磔刑进行威慑，若犯弑君、弑亲、闯关、叛乱之四罪，即便犯人自杀或病死，尸体盐渍后依然执行锯刑、钉刑等主刑。由井正雪及其同党浪人于骏府夜宿时，被幕府捕手包围后自杀，后于阿倍河原枭首示众。除此之外，弑君而自杀之犯人尸体曝晒二日后，游街示众一日，执行锯刑后钉于木架之上。此外，爱慕土人之妻却求而不得、愤而伤人之犯人，死亦难逃刑罚，其处罚如下所示："杀害木曾（女子名），为泄愤而出逃，以刀划伤木曾脸部两处，天理难容，犯人若在世，则处以曝晒后钉死之刑，若病死，则盐渍之尸体钉挂于浅草。"[①] 另有一例，大盐平八郎于天保八年三月二十六日自杀，而一年半后，天保九年八月二十一日，评定所发出布告："不惧朝廷之举，罪无可恕，盐渍之尸体游街后于大阪行钉刑也。"同年九月十八日，大盐父子并党羽十九

① 浅草：位于日本东京都台东区东部的地区名。——译注

人尸体于摄津国西成郡今宫村鸢田墓所被施以钉刑示众。其中，除竹上万太郎一人外，其余示众者皆为一年有余之尸骸，各按定例，被数十根长矛刺穿，钉于木架之上，曝晒三日。《公杂集》中便有一图，绘有当时行刑之情形。

磔刑图（意大利画家安德烈亚 1459 年作品）

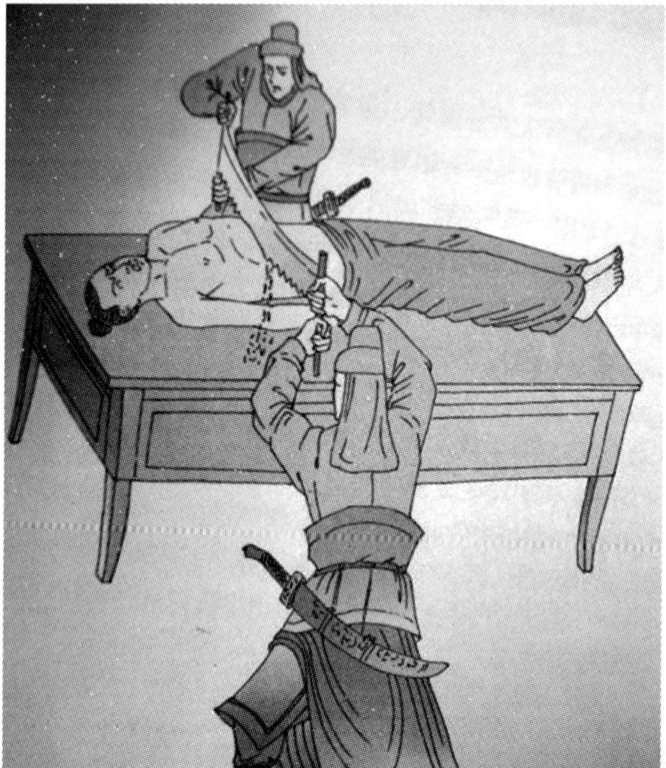

中国古代的磔刑

中世纪近东的磔刑 1

中世纪近东的磔刑 2

中世纪近东的磔刑 3

中世纪欧洲的磔刑 1

中世纪欧洲的磔刑 2

中世纪日本的磔刑 1

中世纪日本的磔刑 2

十三、罪其人而存其祀

中国古有三夷族诛之刑。所谓三夷，即夷犯人三族；族诛，即亡九族。其起源应来自原始时期同族共同责任之观念，后因暴君恐受刑者遗族复仇，遂将其作为诛灭其种族之政略。

然而，与此相对，重祖先之祀，便有“施仁政于天下者，不绝人之祀”，对情有可原且又无子之罪人，甚至可缓期行刑，直至有子继祀。

汉顺帝时，安丘一男子名毋丘长，一日同母行走，忽有一醉汉对母无礼，长遂大怒，杀之而逃。安丘县追踪至胶东，终寻得。其时胶东公吴祐呼长谓曰：“子母见辱，人情所耻。然孝子忿必虑难，动不累亲。今若背亲逞怒，白日杀人，赦若非义，刑若不忍，将如之何？”长闻而有感，遂以械自系，伏地乞罪。吴祐又问其是否有妻有子，长答曰，有妻无子。吴祐遂捕长之妻，使同宿狱中，并解长之桎梏，妻终有孕，长不日将行刑。长泣谢吴祐之恩，家祀得以存续，全赖吴君之恩。妻若生子，名之吴生，以志不忘吴君之鸿恩。言毕，自缢而亡。

晋时，隆虑县有一人，名张兑，为父复仇而获死罪。隆虑县令乔智明因张兑有妻无子，愍其绝嗣，遂令其妻入狱同住，产一子，张兑后会赦得免。此事亦体现“罪其人而存其祀”之主义也。

十四、坟墓抵押

祖先崇拜乃儒教伦理之根本主义，故中国人最重坟墓，略有资产，便不惜金银大兴墓地，并以此为荣。此类风俗，人人皆知。据四川重庆达用学堂教席神田正雄氏之书《西洋事情》记载，巴蜀地区有一习俗，可将墓地抵押获贷。灵场乃安置祖先遗骸之所，却将其作为金钱借贷之担保，实在恬不知愧，人却不为怪，令人咋舌。然而转念考之，中国人重祖先之厚，与重金钱之大相合，方才生此奇习。他人之坟地，对债权者而言，一文不值。承受此坟地者，亦无法开垦种植蔬果。虽说如此，债权人无用之地，于债务者而言，却有千斤之重，即便为不融通之物，仍不失为极其有效之抵押品。本邦民间传说《摘瘤子》中，小鬼将老人身上之瘤摘除，以瘤为质，如瘤这般对债务者无用之物，即便质当，亦无关痛痒，然而，若净土宗[①]僧侣将“十念”[②]作质，市川团十郎[③]以十八番《劝进账》[④]作质，则无形之行为亦可成为确切之担保。中国人极为重视祖先，再有天大之事，转让坟墓终归问心有愧，社会舆论亦不许，因此坟墓确为可靠之担保抵押。

① 净土宗：日本佛教宗派之一，创立于承安五年（1175年），开宗祖师为法然上人。——译注

② 十念：日本净土宗中，诵念“南无阿弥陀佛”十遍。——译注

③ 市川团十郎：日本著名歌舞伎家族世袭之名，从17世纪至今，一共有12代。——译注

④ 十八番《劝进账》：天保年间第七代市川团十郎的家技《歌舞伎十八番》中最出名的一出就是《劝进账》。——译注

十五、爱犬亦如是

一知名律师，某日误了出庭时间，发足狂奔至法庭。法官不悦，重重面斥该人。律师频频谢错，曰："较之往日，今早不过稍稍晏起，且出门前梳洗着装，不觉时间已飞逝。"法官遂责备道："本人每日早起，仅需二三分钟，即可整装完毕。穿衣打扮不可做迟误之理由。"律师微笑答曰："阁下所言极是。吾家中爱犬亦如是，每日早起，仅抖动身躯，便可整装完毕。"法官哑然失语。

十六、咎责语句

在德川幕府的刑事审判宣告书上，其文末宣判处刑之处，定例上必有“咎责语句”，此乃量刑之基础。在审判术语中，“咎责语句”可称作“一口书诘文言”或“诘文言”，量刑则被称为“咎附”或“御仕置附”。

一口书，意为短句，诘文言，则为文末之义。诘文言通常有“不届、不埒、不束”三种，意为“不像话、不讲理、不检束”，例如，“不届付重追放申付”之文，则称为“不届诘之御仕置附”，“不埒付”则为“诘问不埒”。此外，诘文言中常依罪状不同，上书“重重”、下书“至极”或“之至”等加重语，以示量刑之根据。例如，“不届诘”中罪状重大者，便于“不届”处添加加重语，诸如“重重不届至极”“不届至极”“重重不届”“不届之至”等。举一事例，天一坊事件[①]中，对宝泽[②]并其参谋——浪人赤川大膳之宣判中，有如下一文：“重重不届至极，城中游街，后于品川枭首示众。”对大石内藏之助等四十六人之宣判文为：“不惧朝廷，重重不届，行切腹之刑。”无宿十右卫门事件[③]中，对绰号为“日本左卫门”的浜岛庄兵卫之宣判文为：“重重不届，游街后于远洲枭首示众。”追随天一坊之浪人本田权太夫、渡边所太夫之审判文为：“不届至极，城中游街后处死。”林子平之审判文为：“不惮朝廷，不届，重流放。”渡边登之审判文为：“不惮朝廷，不敬之至，（中略）不届，（中略）禁闭。”由此可见咎责语句与刑之轻重之关系。

在长崎，事关中国人之犯罪处刑，往往以汉文形式宣判，此时“不届”或“不届至极”被译为“罪恶难容”。例如，长崎船津浦的伊之助伙同他人，潜入唐人船只偷盗，被唐人发现，遂将其投水溺死。伊之助之宣判文为：“罪恶难容，今奉部谕，准此，押送各街，即刻枭首示众。”

---

① 天一坊事件：江户时代中期，天一坊（1699–1729 年）诈称其是幕府第八代将军德川吉宗私生子，私下召集天下浪人，后被捕入狱判死。——译注

② 宝泽：天一坊的原名。——译注

③ 无宿十右卫门事件：江户时代中期，本名为浜岛庄兵卫的无宿十右卫门是一个两百多人的盗贼团头目，以远江国为据点，在东海道地区频频作案，延享四年（1747 年）自首，被判死刑。——译注

《御仕置例类集》中所载审判书之多数，就“御仕置附”之诘文言，用例如下：

·锯刑　重重不届至极

·钉刑　重重不届至极　不届至极　重重不届　不届

·火刑　重重不届至极　不届至极

·枭首示众　不届至极　重重不届至极　重重不届　不届

·死罪　不届　不届至极　不届之至　重重不届　重重不届至极

·杀人凶犯　不届　不届至极　不届之至　重重不届　重重不届至极

·流放岛屿　不届　重重不届　不届之至　重重不届至极

·重流放　不届　不届至极　不届之至

·中流放　不届　不届至极

·轻流放　不届　不届至极

·江户十里四方流放　不届

·逐出江户　不届　不埒

·逐出住地　不届　不埒

（逐出国家、逐出村落、逐出市区、逐出神社、

逐出洛中、逐出洛中洛外,[1]同上)

·轰出衙门　不届　不埒

·看管　不届　重重不埒

·鞭打　不届　不埒

·黥刑　不届

·非人手下[2]　不届　不埒

·坐牢　不届

·监禁　不埒　不念　不届　不束

·锈刑　不埒　不埒之至

·过失罚款　不埒　不念　不届

·没收土地　不埒　不届

·面斥　不埒　不束　不念　不届

·闭户　不束　不埒

·申斥　不束　不念　不埒　不行届

武士身份以上者,行闰刑,[3]故诘文言亦于上述三种之外,另添“不调法”“不念”“不行届”“不慎”“不心掛”等,

① 洛中洛外:在日本,“洛”特指京都,“京都城内外”简称为“洛中洛外”。——译注

② 非人手下:江户时代,将犯人贬为非人的刑罚。非人,是日本江户时代从事刑场杂役和低级游艺工作的人,属于贱民的一种。——译注

③ 闰刑:日本中世和近世对有勋位者、武士、僧侣及老幼妇残者所处的刑罚,用以替代正刑而轻于正刑。——译注

意为“失责”“重大过失”“不严谨”“不慎重”“不用心”。尤其在将军直接参与审判以及将军裁决等场合，则写有“上谕，不调法”“上谕，不埒”。武士身份以上者，其闰刑“御仕置附”之诘文言，用例如下：

·切腹　重重不届　不届至极　不届

·问斩　不届　不届至极　重重不届　不届之至

·贬为平民　不调法　不届　重重不届之至　不届之至　不调法之至　不埒之至

·革除官职　不调法　不届　不调法之至　不埒之至

·禁闭　不届　不埒　不埒之至

·闭门　不调法　不届　不调法之至　不埒　不束不念

·闭塞[①]　不调法　不埒　不届　不行届　不束　不念

·禁闭反省　不调法　不埒之至

·退隐　不束　不束之至　不埒之至　不行届　不埒　不慎　不心掛

① 闭塞：日本江户时代施于武士与僧侣的刑罚，禁止白天进出，轻于禁闭。——译注

·禁闭待命[①]　不束　不束之至　不行届　不调法　不慎之至

对僧侣之闰刑“御仕置附”之诘文言，用例如下：

·逐出院门并流放　不届　不埒至极
·逐出院门　不埒
·宗门除名并流放　不届
·宗派除名并流放　不埒

① 禁闭待命：江户时代对武士、朝臣的刑罚之一，当职务上发生过失时，禁止其出仕，居家自省。——译注

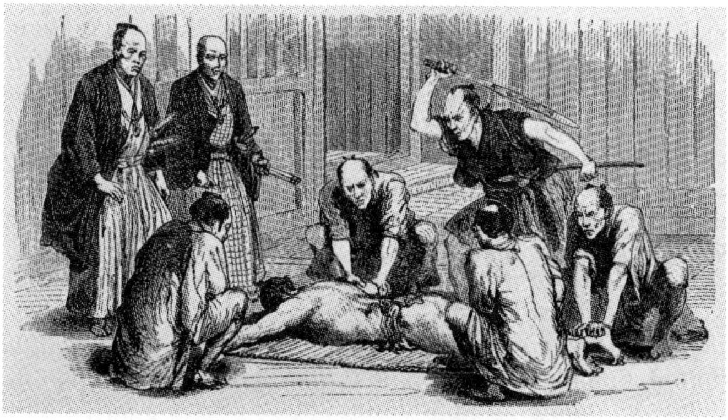

日本中世纪的鞭打刑

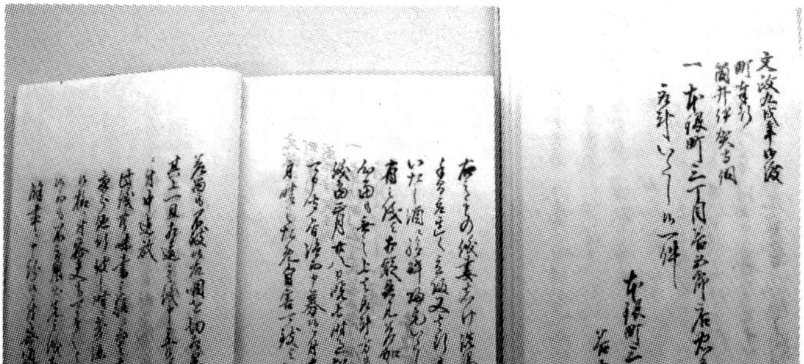

文政九年（1826年）《御仕置例类集》书影

中世纪欧洲的鞭打刑

中世纪欧洲酷刑图

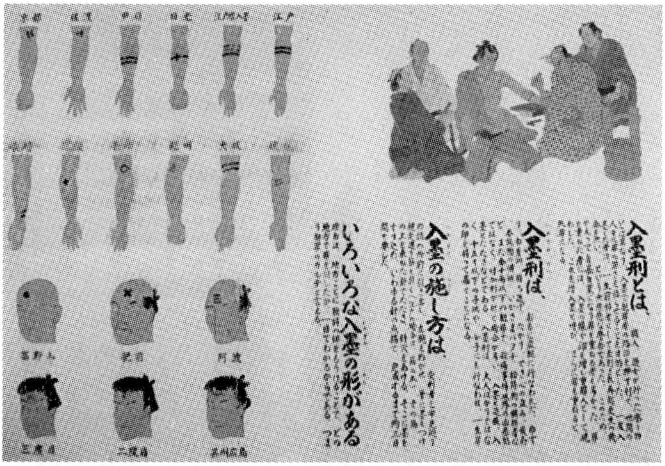

中世纪日本黥刑示意图

十七、老农之惊叹

明治维新初期，因幕府时代诘文言一事，发生过一出闹剧。武州榛泽郡手计村有一老农，被一纸诉状传唤至东京法院，告其借债不还。然而，所谓借债字据，乃原告乘被告重病之时，盗用其私章伪造而成。故被告老农极力陈述并无借债一事。法官将私章之印迹与欠条之印迹仔细对照，便认定欠条之印迹乃真迹，遂不辨青红皂白，大喝道："此物确为被告之私章，汝却狡辩其为伪章，不届至极！"被告听闻，忽面如土色，浑身颤抖。法官以为所言之词一针见血，遂面露得意之色，自觉明察秋毫，厉声道："暂且退下，稍后传唤。"当时尚无辩护律师，处理诉讼者，皆为旧日幕府时代之公职人员。老农庭上大惊不无道理，一旦"不届至极"，项上人头便朝不保夕。老农回马喰町[1]客栈，立即询问一公职员，公职员翻看《御定书》第六十一条，上书："伪造文书或伪造私章，游街后枭首示众。"并告知老农，"不届至极"乃斩首之固定判词。老农一听，惊得魂飞魄散，立即奔往涩泽荣一府上诉冤，泣求饶命。涩泽荣一时任大藏省税租长，后被授为子爵，其出身，正是老农邻村。当天税租长偏巧不在，其夫人千代子和颜宽慰老人道："您老为人正直，村中人人皆知。子虚乌有之事，不必担忧，若一一讯问家人以及知晓病中之事者，再鉴定字据笔迹，必能揭穿对方之恶行。您老不必胆怯，如今世事已变，尤其当今官员，个个皆为新手，措辞表达毫无章法。年轻气盛，区区小事，亦勃然大怒，高呼'不届至极'。"诚如夫人所言，当时法官多为维新功臣，此外另有诸藩的维新志士、浪人、汉学书生等，几乎无一人是法学家，平日自夸之语，不外乎曾于伏见战争中负伤、曾问斩佐幕党家老而脱藩、曾为攘夷党头领、曾任某汉学堂塾长等。这些法官原就不知幕府时代的法令术语，即便知晓，亦不循规使用，动辄大喝"不届至极"。

老农之冤案，果如夫人所言，申辩成立，原告因伪造文书而受罚。此事乃余于夫人处亲耳所闻。[2]

① 马喰町：地名，位于东京中央区。——译注

② 被誉为"日本资本主义之父"的大实业家涩泽荣一（1840–1931年）乃本书作者穗积陈重的岳父。——译注

十八、板仓审判

古时京都之下京[1]郊外，有一贫苦男子，曾借款六贯钱，却无力还债，无可奈何之下，只得乘夜外逃，藏匿于上京郊外，每日靠拉车赚取微薄收入，勉强度日。一日，男子拉着板车正在归家途中，恰遇债主，债主一见，立即夺走板车，扬言除非还债，否则绝不奉还。男子苦苦哀求告饶，可债主依然带着板车扬长而去。男子苦不堪言，板车乃养家糊口之必需品，如今被扣，妻儿只得忍饥挨饿。走投无路之下，男子便将债主告至所司代[2]板仓胜重（1545–1624年）处。

胜重传唤二人，细细聆听两人陈述后，面向车夫问道：

---

① 下京：日本京都市区南部。京都于中世时，以二条大街为界，分为上京和下京。——译注

② 所司代：日本江户时代，负责城镇的警察、司法和政务的幕府官名。——译注

“汝每日拉车，所赚几何？”答曰：“每日约三百文。”再问：“板车被扣几日？”答曰：“已有二十日。”胜重转而问债主：“车夫所言二十日是否属实？”答曰：“确实如此。”

胜重面叱车夫曰：“汝身负债款，无力偿还，进而藏身他处，虽因贫故，却亦用心不良。”又谓债主曰：“车夫虽欠债不还，然板车乃其营生之必需品，汝恣意扣押，不顾其死活，实在不通人情，鲁莽之极。扣押二十日之损失，一日三百文，合计共六贯钱。现命汝将六贯钱并板车返回车夫。”言毕，谓车夫曰：“汝将所收六贯钱交与债主，从此债务偿清。”两人诚服，俯身叩拜，分文不花便当下完结该诉讼。

十九、天不言，以人言之

江户町奉行[①]甲斐守[②]曲渊景渐，一日乔装成下人出行，途中雇一轿，与轿夫相谈甚欢，从奉行所官员之闲话，谈至各类市井传闻，下轿后，付清酬劳，甲斐守便自行回府，隔日清晨，命人传昨日轿夫二人前来奉行所。

轿夫惊慌失措，不知所为何事，抬头一望，居然是昨日乘轿之人，一改下人模样，今日威仪凛然端坐上位。二人方才明白此人乃御奉行，顿时为昨日之饶舌懊悔不已。御奉行开口道："二位昨夜辛苦。请二位在此复述昨夜所言之事。"二人跪拜于地，不敢发一言。甲斐守笑道："绝无为难之意，请勿担忧，复述即可。"二人听闻，方才开口："如今

---

① 江户町奉行：江户幕府的官名，在重要城市掌管司法、行政等。——译注

② 甲斐守：甲斐国的长官。——译注

町奉行贤明仁爱，町人皆喜。”言毕，复沉默。甲斐守问道：“其下文如何？”再三敦促下，二人答曰：“町奉行虽好，其余官员则以贿赂处置万事，颠倒黑白之事颇多。”甲斐守赞道：“甚好，甚好。”转而谓众官员曰：“诸位业已听清。贿赂一事，吾虽不甚知，然今后诸事处理皆不可有贿赂。二位轿夫，平身。”二人仿若死里逃生，欢天喜地归家而去。此后，官员私弊之风止。

二十、不教而罪者虐也

《安斋随笔》中记有一事，水户[①]光国卿在世时，水户领地内一山里人家出现弑父命案。奉行宣判罪犯死刑，然而，罪犯并不自觉有罪，更觉不应判刑，故行刑延期，于学校之侧修一狱舍，将罪犯关押其中，日日为其讲解经书。三年后，罪犯听孝经时，始悟弑父乃大罪，自悔不已，自愿受刑，方被处斩。水户乃和魂汉才之地，[②]汉学兴盛，故“不教而罪者虐也”之信条广播，即便罪犯，亦使其明人之道，自悟其是非，后行刑，以此为仁政。

---

① 水户：水户藩，日本江户时代统治常陆水户地区的藩，为德川三大家族之一。——译注

② 和魂汉才：即日本人的固有精神和来自中国的学问知识，这是日本自古以来将此二者之结合作为学者理想的强调语。——译注

二十一、五刑之属三千，而罪莫大于不孝

希腊将虐待或杀害父母定为最重之罪，称其为“残暴之罪”，此罪将触怒复仇之神厄里倪厄斯（Ερινυες）。雅典人若要为官做宰，必须提供孝顺父母之证据，否则不可参与选举。（Meier Schomann, *Der attische Prozess*, SS.203, 483.）公元前五十二年，庞培统治时期制定了《弑亲罪相关之庞培法》（Lex Pompeia de parricidiis），依照此法，弑亲者（父杀子除外）被处最奇异之极刑。查士丁尼大帝之《法学阶梯》第四卷第十八章第六节中，对此弑亲罪进行如下说明：

犯人不处以斩首或火刑等寻常刑罚，而是与一犬、一鸡、一蛇、一猿一并缝入皮袋中，以此为牢，或投入海中，或投入河中，使其于生时便断绝一切生存要素，生无天，死无地（末松谦澄译：《查

士丁尼大帝钦定罗马法学阶梯》)。

彼时以此刑罚昭示弑亲乃天地不容之大罪。亦有学者指出，此奇刑并非始于庞培时代，十二表法时期便已存在。（Sandar, *The Institute of Justinian.*）依据《学说汇纂》中法学家莫迪斯蒂努斯之学说，上述之奇刑，古代只限于弑父或弑母之罪，余者处以身份降级刑或死刑。依据哈德良大帝敕令，若在远离河海之地，则将弑亲犯人与猛兽同关一处，使其搏噬。（*Digest*.XI viii, 9.9.）如此刑罚，其残酷自不待言，然昔时重视亲情，无疑须科以极刑。

中世纪欧洲弑亲罪刑罚图

罗马时代弑亲罪刑罚图 1

罗马时代弑亲罪刑罚图 2

弑亲罪刑罚壁画图解

弑亲罪刑罚图

二十二、三百代言（讼棍）

本邦之词“三百代言”（讼棍），乃对应美国俗语中之“shyster”及“pettifogger”二词。

“shyster”之词源虽不甚了解，《韦伯词典》释为：“奸诈恶棍”（trickish knave），指工作中、尤其法律事务中不择手段之人。而《韦伯词典》对“pettifogger”解释为处理小案件之讼师，或从事小诉讼之低级律师。

公元1897年，哈蒙（R.L.Harmon）于阿拉巴马州律师协会进行演讲时，定义了上述二词之差异：“法学家中被称为‘pettifogger’者，乃不无学术、人格卑劣之人，且伎俩手腕亦乏，鉴定判断不全，缺乏常识。与此相对，被称为‘shyster’者，具备相当学问与手腕，富于狡智，精明能干，却不免成为奸诈或不正之律师。此人为诉讼之煽动者，社会之搅乱者。亦是恶事之制造者、伪证之助力者、行贿之鼓动者。法律之假面下，隐藏其虚伪与丑恶，乃奸盗一名。尽管如此，'shyster' 可被世人接受，皆因其作为防卫者，可对付作恶多端的奸者，而且 'shyster' 亦被世人所承认，因其可作为秘密辩护人或者被信任的委托人。然而，'shyster' 却利用其享有声望之职业身份，滥用他人之信任，抓住一切机会谋取私利。"（George W. Warvelle, *Essays in Legal Ethics*, 1902, p.28.note.）

编者追记

"三百代言"乃明治时代之词，当时律师被称为代言人，无律师资格、私下接受诉讼与谈判工作之人，被贬称为"三百代言"。虽有"非法代言"一词，但"三百"为"三百文钱"之略语，指代廉价。明治十八年，在默阿弥之世态剧《水天宫利生深川》（又名《笔屋幸兵卫》）中，有一拜金的高利贷者，自称"人人皆知的冷酷金兵卫"，其手下有一人名安藏，正是"三百代言"。其钻法律空子，催逼不幸的笔屋幸兵卫。此人曾大放其词："来年应试，本人亦成一体面代言，至明治二十三年国会开设之时，必扬名立万。"然而，正如其坦白自己"未获执照"，不过一"三百代言"而已，见茶壶破损，便自嘲道："万幸也！本人厌恶三百茶[①]之茶渣。"

① 三百茶：日语中指代廉价茶。——译注

安藏一角，其原型是当时现实中为难戏剧者之某位三百代言，演出时角色名为“安井三百藏”，乃“安三百代言”[①]之转意。

① 安三百代言：“安”字在日语中表示廉价的意思。——译注

二十三、英国律师假发之由来

在英国古代，从事诉讼辩护等法律事务之人，几乎皆为教士。然而，至公元1207年左右，教士或神职人员在法院为普通民众辩护被视为不妥，故被禁止。而非教士者修读法律、从事律师职业，则完全是后话。

然而，该禁令实施后，使至今一直将法律事务作为职业从事的教士们失去了重要的生活来源。教士们为此冥思苦想，最终想出解决方案，便是出庭时戴上假发，遮盖光头。自此，假发长期成为从事法律事务者之标志，这便是近代英国律师所戴假发（wig）之由来。（George W. Warvelle, *Essays in Legal Ethics*, 1902, p.29.）

二十四、半聋的陪审员

英国高等法院中一陪审员，审判中途忽起立，谓法官曰："今日之陪审，望免之。"法官答曰："阁下当知，宪法规定，陪审乃英国公民之义务，无重大理由不可请辞。阁下是否有请辞理由？是否原被告乃自家亲属？"陪审员答曰："非也。只因本人乃一聋子。"法官诧异道："方才鄙人所言，阁下完全可理解，如何解释？"陪审员一脸正色道："本人只聋一耳，另一耳尚可听。"法官忍笑曰："常言道，不能听两方者不可做审判，阁下之请求，言之有理，请即刻退席。"

二十五、刑事辩护制之首倡者

已故法学博士矶部四郎君乃本邦刑事辩护制度之首位提倡者。明治十一、十二年，司法省中设有修补科，在大木司法卿领导下，专司法律制定、法律问题疑义裁定等事。矶部博士乃我邦法兰西法学者之第一人，留学法国，归国后入司法省，任修补科起草委员，明治十二年六月二十七日，提议刑事诉讼中允许律师出庭辩护，并提交布告案，意见如下：

> 我邦今日词讼（当时称民事诉讼为"词讼"）中许律师出庭，其能尽词讼本人之情，畅其权利，使之不陷枉屈。其社会之益亦不少。虽然词讼之所系，多是财物金钱之得失。与刑狱之所系相比，其轻重大小固不可同日而语。刑狱本为荣辱之属、死生之判，审判一旦失其当，人非其罪而长受囹圄

之苦，其甚者，身首殊处，遭不复见日月之惨。其所系，不可不谓至大至重。然而，刑狱之原告者，乃堂堂官吏，富学力知识。反之，其被告者，概为愚昧卑贱之民。其被囚至狱庭，已不胜畏惧，绝不望其可自尽其辞、明其情、破原告之论。欲使其免吞恨泣冤，甚难。可知，其需代言辩护之切，亦非词讼人可比。今我邦独许词讼辩护，未许刑狱，不可不谓一大疏漏。故宜速速许刑事律师辩护。

矶部博士立论堂堂，至公至正，如今观之，无论何人，皆无一句异议。然而，见当时记录，委员十人，竟有八人反对，赞成者仅箕作麟祥博士一人。而且委员之反对颇为猛烈，当时反对意见书中语势之最，可推下义，写于某三位委员联名意见书中：

实际证之，词讼律师者，狡黠贪婪，于今日不可不矫正其弊。若刑狱许之，焉得保其弊不与词讼同？（中略）荣辱死生之所系，若颠倒是非、变乱黑白，其弊亦如何？

其他委员称矶部博士"一概仅称扬其利益部分，不究其弊害如何，乃一偏颇之说"，今日之罪囚，动辄狡猾强戾，刚者固执己见，柔者弄巧诈辩，欺罔百端，无耻至极，“如今再许律师辩护，恐其辩护不适合伸罪囚之冤、雪其屈辱，却成为助其强戾狡猾之好具也。”委员中虽有论者提议，若非一二检事出庭辩论，否则不可允许辩护人出庭，然而当时司法部全体意见，乃绝对反对刑事辩护制度，从上文意见书中便可获知。甚至当时接受外国法、热心制定新法的司法卿大木乔任、司法大辅山田显义两位，亦在决议书否决栏中捺印。

然而，出乎意料，如此遭受司法部集体抵制而流产之刑事辩护提案，不过短短一年后便复活，翌年，即明治十三年七月颁布的《治罪法》[①]第二百六十六条中规定：“被告人为辩论，可用律师。”此乃东洋刑狱史上破天荒之规定。为何有此剧变？为何昨非今是？余思之，盖因此法起草者布瓦索纳德支持矶部博士之故。当时高官们仍处于开国时期对泰西新文明之震惊中，且锐意取他人之长、助我文化之进，故皆为外人崇拜者。但凡所雇外国人之言论，则不加思考、盲目轻信，因此，矶部博士乃日本人，前一年便遭反对，而布瓦索纳德为一外国人，故翌年便获赞成。

---

① 《治罪法》：日本第一部近代刑事诉讼法典，由法国学者布瓦索纳德起草，于 1880 年公布，1882 年实施，1890 年因《刑事诉讼法》实施而被废除。——译注

布瓦索纳德纪念铜像(日本法政大学)

日本刑事辩护制度的首倡者矶部四郎（1851-1923年）

二十六、元老的外人崇拜

上篇已有言及，明治二十年左右，所有重要法律问题，皆咨询法国布瓦索纳德或德国勒斯勒尔后，方才决定。与之相反，自欧美学成归国的法学家们，则与外国专家地位悬殊，其言若无上述两位大家之背书，高官们概不采纳。其中便有如下一事：

余曾依某一元老之嘱托，起草某大家之一族家宪。在家宪草案中，规定一族十余家财产，依照当时公司法，组织合名会社[①]管理财产。余将草案提交元老，元老循例就草案咨询外国法律顾问，数日后，该族中某氏作为使者前来交涉，说道："贵案已让勒斯勒尔过目，勒斯勒尔建议一族财产应设立'家族财团'（Familienstiftung）进行管理，因此希望

① 合名公社：无限责任合伙公司。由两个以上无限责任出资者组成的公司。——译注

您能依言修改草案。”余答曰：“‘家族财团’确为一种方案，然而国有法，方案必须依法设立，德国亦相同。日本尚无此项法律，故无法设立。”上述使者再次前来，说道：“烦请阁下前往布瓦索纳德处，就您所言之对错进行确认。”余闻之，便知晓又是所谓的西洋人崇拜，委实可笑。然而，作为一名法学者，一名大学教授，不由怒忿。“余虽不才，却也为一名法学者，亦是大学教授。倘若布瓦索纳德为吾师，余必听从师命，然而余二人并非师徒关系。余之说是否正确，您可自行咨询布瓦索纳德，此亦为吾之愿。请代为转达布瓦索纳德先生，余无法亲自登门并向对方确认对错。”就此事，元老虽一时气恼余口出狂言，然听闻此乃使者表达错误所致，最终不了了之。

二十七、古兰经之威德

穆罕默德女婿阿里与教祖徒弟穆阿维叶曾为争夺王位大动干戈。一场战役中，穆阿维叶军队战况不妙，眼见即将败北，一将军急中生智，命兵卒将随身携带的圣书《古兰经》绑在矛头，勇往直前，直杀入胜利在望的敌军中。果然，敌军面对圣书，难以弯弓射杀，于是形势一变，阿里军溃败。

在课堂学生讨论中，有人眼见招架不住，便大家之名不离口。而有人一听大家之名，便心生惶恐，难得已占上风，却不由得减弱势头。上述之人，应去改信伊斯兰教，不适合当法学家。

二十八、禁止结婚刑

“江岛事件”乃德川幕府中期暴露大奥[①]内部淫乱之知名丑狱。

江岛于七代将军德川家继的大奥中任侍女长，权力膨胀，胆大妄为，甚至时常命令出入大奥的卖货郎后藤锋殿助之手下将男戏子生岛新五郎藏于盛衣箱，秘密运入房中。据坊间传闻，江岛私自将家继将军生母月光院[②]赏赐的葵纹罩衫赠予新五郎，而新五郎扮演政冈时所穿之戏服，便是此物。正德四年正月十二日，江岛代替月光院，率领大奥女眷，参拜增上寺及宽永寺，归途，前往木挽町山村座剧场观

---

① 大奥：江户城内将军的夫人及妾的住处。——译注

② 月光院：江户幕府第六代将军德川家宣侧室，第七代将军德川家继的生母。——译注

看狂言《东海道大石曾我》，[①]其后，将新五郎等多名戏子唤至房中取乐，日暮时分方归。此事浮出，江岛素日不轨行迹方才暴露，最终惹上官司。幕府开始审问江岛及其他大奥女眷，而町奉行则问询剧场老板山村长太夫、御用商人后藤锋殿助及其他戏子，最终判决如下：江岛兄长井平右卫门、御用医师奥山交竹院之弟奥山喜内死刑，江岛（时年三十八岁）承蒙恩典，终身发配信州高远，生岛新五郎终身发配神津岛，其余剧场老板山村长太夫十人流放御藏岛、利岛、三宅岛、八丈岛、神津岛、大岛、新岛七座岛屿，驱逐七人，贬为平民一人，禁闭一人，罚款一人，禁闭反省一人，[②]九名年幼者被亲属监管至十五岁，免职四人，八家剧场茶屋停业。此外，大奥女眷及其奴仆流放至平河口者合计七十一人，十四名女眷被判“流放并禁止侍奉”，其中罪名最重四人，被判“流放并禁止侍奉与结婚”。甚至连结婚亦被禁止。

禁止结婚，多因近亲、同姓、同族、异族、国籍、年龄、宗教之故，然上述江岛事件中，剥夺结婚能力之刑罚，实为罕见，对妇人而言，形同尼僧，无疑是极大痛苦。

---

① 狂言：日本传统表演艺术的一种，以台词为主的滑稽剧。——译注

② 禁闭反省：日语写作“远虑”，是日本江户时代对武士、僧侣的一种轻刑，轻于禁闭。

二十九、婚姻之法

自古以来，法律给婚姻附加种种限制，因尊卑、老幼、近亲、异教、疾病等原因禁止结婚之例并不罕见。虽亦有收取单身税之例，以间接鼓励结婚，然法律直接强制国民结婚之例，唯秘鲁的古代法独有。秘鲁古法记载，男女至一定年岁，便由法律指定其配偶。也就是说，到特定日子，二十四岁以上男子与十八岁至二十岁女子便被集中至某处，恰如现今征兵检查一般，在城镇村落的广场上举行婚礼；若是贵族，则由印加国王主持，其余则由各地地方官执行仪式，取男女之手交握，宣告两人结为夫妇，便礼成。婚礼自然亦尊重当事人及父母意志，然而婚姻之成立则是以官权为媒介，而且地方官为新婚者分配一定土地作为住家。由于全国年轻男女均在同一日结婚，故婚礼后举国欢庆，绵延数日。（Stephen Allen，*The Evolution of Governments and Laws*， p.115.）

此法盛行于古代地广人稀的国家发展初期，为增加人口、开拓土地，必须人人有配偶。强制结婚法使当时秘鲁国风纯良，无一人卖淫。本邦民间传说记载，出云大社供奉婚姻之神，每年十月，诸神云集，为国民男女之姻缘牵线。虽为肉眼不可见之神事，亦是古代国家社会要求之反映。现代之结婚难、婚期推迟、单身者增多，对国家社会而言，绝非喜事，虽不可效仿古代，通过官方强制结婚，然而奖励结婚或扫除结婚障碍，则应为治国者深思之道。

三十、“饮大茶”之妻

庆安二年丑二月之告示中记有离婚相关规定。如下：

> 男劳作，女织布、掌炊事，夫妇应同工。因此，虽为姿容出众，却敷衍丈夫，此类好吃懒做、喜游乐之妻，应离异。然，若二人育有多子，或此前妻子有恩，则另当别论。又，容貌虽丑、却能持家之妻，应诚挚以待。

上述“好吃懒做”一词，日文写作“饮大茶”(大茶を飲む)。男子自是大口喝酒，而乡下妇女则是三三两两围坐地炉，烧一大壶茶水，就些香物或炒豆作茶点，大口饮茶，东家长李家短闲聊，一聊便半日，“饮大茶”便是指代此恶习之词。

三十一、犬公方

德川五代将军纲吉（延宝八年至宝永六年在位）被戏称为“犬公方”（いぬくぼう）。[①] 将军乃好学之人，极力振兴文教，同时亦颇为迷信。纲吉早年曾失爱子德松，多方求子而不得。当时纲吉生母桂昌院[②] 皈依一高僧名隆光，隆光趁机进言：只因将军前世杀生颇多，今生便得报应，倘若不杀生、爱众生，即可得子；尤其将军生辰乃戌年，更应厚爱犬类。纲吉深信不疑，贞享四年（1687 年）至元禄年间，时常颁布“怜悯众生”之文书以及爱犬令。颁布爱犬令也罢，而纲吉将军优待犬类遥胜人类。纲吉将军于町村公务所设立“犬改

---

① 公方：日文中对将军的称呼。——译注

② 桂昌院：江户幕府第三代将军德川家光侧室，第五代将军德川纲吉的生母。——译注

账”，[1] 亦称“犬籍”，登记犬之生死、养主变动等，甚至于幼犬养育、失踪犬只搜索、流浪犬的保护饲养、病犬及伤犬的疗养、死后埋葬、防狼措施等，皆有极其细密之法令颁布，伤害或屠杀犬只者，判处死刑，因此万民皆因犬而苦。纲吉重学问、爱学者，并未受到如焚书坑儒的秦始皇这般酷烈之恶评。然而，倘若后世没有吉宗这般明君出现，[2] 没有享宝中兴之治，排除人类的“怜悯众生”之法令或许将成为德川幕府衰亡之晚钟。爱犬将军纲吉免于与犬狂执政者高时 [3] 同一命运之原因，在于高时怠武备而纲吉重文教。

德川纲吉像（1646-1709 年）

① 改账：即账簿。——译注

② 吉宗：即德川吉宗，江户幕府第八代将军。

③ 高时：即北条高时，镰仓幕府第十四代执政者，喜好歌舞作乐与斗犬。——译注

爱犬令自贞享年间以来不时被颁布，至元禄七年（1694年），正值戌年，故爱犬法令愈发详尽。法令传达至各个地方，越后国三岛郡高梨村冈村家代代任村长，家中仍保留当时法令，其内容如下：

觉

一、怜悯众生之仪，屡次告示，不可大意，男女老少须常怀警戒之心，若有行无理之事者，宜早早告知官府。

二、不可擅自养育犬只，若有外来犬只，村中应投食并安置，一旦寻得犬主，应及时交还。若为无主之犬，村中安置，《改账》中登记其为村中养犬，有意饲养者，可申请并登记在册。

三、若有病犬，与无主犬只一起悉心照管，死后应通知村长、组头及五人组，[①] 检查尸骸，确认病死无疑后，埋葬于寺庙或墓地。无主犬只死后之

① 五人组：日本江户时代模仿古代“五保制”而建立的平民近邻组织。江户时期的日本是个高度的自治社会，江户的町制由“町年寄”“町名主”“大家”“五人组”四重结构构成。町奉行下设有町年寄三人，町年寄是最高级的市政官吏名称，职责是向下传达奉行所颁布的法令、收税，并监督町名主。一个町名主可负责若干个町，起到监督町内事务的作用。大家也称为“家主”“家守”，管理町内土地、房屋以及城门钥匙，监督、调查房客等。五人组是町民自治最小单位，相邻五户家庭成为一组，每月交替执勤，负责町内防火、守城门、照顾弃婴或乞丐、调解纠纷等各类杂务。——译注

文书由村民联署，有主犬只之文书则由犬主与在场者联署，提交割本，[①] 割本商议后，若无异议，于文书上盖章，提交官府。

四、若有伤犬，则须确认是碰伤，抑或咬伤，抑或被人所伤。碰伤与咬伤之伤犬，与病犬同，应悉心照管。若被人所伤，尤应照拂，审议后逮捕伤犬者。若伤犬者未知，官府应追查到底。本村村民自不必说，外村者若有伤犬行为，亦不可饶过。先通报其人，后押送至官府。若有起诉人，则一并传唤至官府。

五、犬若产子，应悉心饲养。万一有怠于照管而弃养者，或喂食不周者，甚至杀犬者，应受惩罚。若发现上述行为者，应及时报官。若有隐瞒者，全村同受罚。若发现遗弃之幼犬，应喂食，并带至官府。发现者若有意饲养，可提出申请。若见弃犬而不闻不问者，视同犯罪。

六、若有犬只走失，应及时找寻。若将自家犬只赠与他人，应签字画押，方可领养。若领养他人犬只，亦须签字画押，两者皆应向官府申请。因惧后患而轻慢生灵之举，虽非本意，纵然日后有所主

① 割本：亦称“割元”，江户时代与村长同类的地方行政组织之一，支配数个村落。——译注

张亦不成立。

上述各条令，各村应得其意，时常怀怜悯众生之心，行事慎重周密。

戌闰五月　　　　　　　　　　马新右卫门

越后国颈城苅羽三岛鱼沼郡御代官所割本并庄屋惣百姓

上述文书之趣，每位户主并男女儿童皆应知晓，严守条规。若有违规者，视为犯罪，提交全村联署证文。特此布告。

小国东组高梨村

元禄七年戌闰五月　　　　　　十兵卫

德右兵卫

德兵卫

（外一百三十名联署）

同年同月，其他文书中有如下规定：

一、夜晚不可使犬外出，以防被狼咬食。若是他人犬只遭狼袭击，则应立刻驱赶之，保护犬只。犬只与人共入山林，返回时应唤其同归。

附，自家之犬与他人之犬争斗时，不可只护自家而伤他人之犬，应阻止且双方均无受伤。又，儿童不可玩弄幼犬。

二、犬只死亡、出生、赠送、领养等情况，须报官，登记在册。若延迟报官，则为重大过失。（下略）

三十二、白木屋的烟管与禁烟法

余曾于《本朝世事谈绮正误》一书中见到白木屋[①]吴服[②]店商标，外形模仿两根烟管左右交叠而成，虽不知其真伪，白木屋与烟管之因缘，确有一段逸事。

元和元年（1615年）六月，在烟草极为盛行之时，幕府向诸国下达严令，严禁吸烟，亦禁止烟草买卖与种植。当时，白木屋先祖大村彦太郎一日经过柳原土堤，忽见一乞丐，藏身于草席之下偷偷吸烟。大村彦太郎便思忖道：如今吸烟乃天下统一之禁制，然而眼前之乞丐，分明食不果腹，却不舍区区一口烟草，避人耳目偷偷吸食，可见烟草乃一完全符合人类嗜好之物。倘若果真如此，如今严酷的烟草禁制，定终有松弛一日。于是，彦太郎立即于江户、东京、大阪

① 白木屋：位于东京日本桥的东急百货店的前身。——译注

② 吴服：和服衣料。——译注

三处以二束三文价格，大量收购当时已废置的烟管等烟草工具，囤积以待时机。诚如白木屋主人所想，人类对满足本能嗜好之物的欲求，终究无法靠当政者一时号令或一份法规所遏制，禁烟令已名存实亡，求购烟管等烟草工具者越来越多，白木屋主人适时将囤积之货推出市场，牟利百万文。

关于德川时代初期的禁烟令，在《法窗夜话》中已有详述（参见第十七话），庆长初年（1600 年左右），烟草随南蛮船舶而来，不多时便势如破竹，举国风行，吸烟在当时已成为洋气的潮流。烟草之所以迅速流行，皆因邦人喜好稀罕舶来物之好奇心，以及坚信烟草可治诸病之信心。然而其主因，乃吸烟可带来一种魔性的快感，最能满足吸烟者本能的嗜欲。

于是，幕府对极度盛行的烟草下了严苛禁令，原因在于烟草乃无益之费用，亦是失火一因，烟草种植可摧毁良田，使其荒芜，总之有百害而无一利。幕府的禁烟令、烟草买卖及种植禁止令，自庆长十四年（1609 年）七月开始，至十五年十月、十七年八月、元和元年六月、二年十月等，频繁颁布。同时亦对诸藩下达严厉的禁烟令与烟草买卖及种植禁止令。《法窗夜话》曾引用《崎阳古今物语》，记述萨摩岛津氏对吸烟者判处死刑一事，至元和元年，甚至下令：吸烟者没收俸禄。然而，终究无法根绝烟草。《崎阳古今物语》便记载瘾君子以竹烟筒装烟膏，挂纱帐，密藏其间吞云吐雾。

米泽的上衫氏则并不要求绝对的禁烟，其规定："病者老人不禁烟草，平民聚会不准擅自吸烟。病者老人于大道，或陪同主人时，或门庭处亦禁止吸烟。"即设定特例，除去在众人瞩目之处或陪同主人之时，病人与老者允许吸烟。

宽永以后，禁烟令逐渐失去效力。宽永四年（1627年），《小夜中山集》中出现如下诗句：

二人共享一烟管，[①]
香烟袅袅散空中。
劝君再进一支烟，
复又与君共烟管。

宽永十五年，《鹰筑波集》中也有如下诗句：

恋情化作怀中烟，
隐藏在
你我共享之烟管中。

可见当时"共享烟管"之事已流行。吸烟已演变为"上

① 共享烟管：特指江户时代的妓女为表示亲密，将自己沾了口的烟管递给对方使用。——译注

下四方，流传成俗”，甚至女子亦不例外，《世间娘气质》[1] 作者曾撰文批判道：“昔日女子吸烟，游女[2] 之外再无人，而今不吸烟之女子，同斋戒出家者一般罕见。”

游女吸烟图（浮世绘）

① 《世间娘气质》：作者江岛其碛，享保二年（1717 年）出版，共 16 章，描绘当时女性气质的短篇小说集。日语中“娘”的意思是女儿、姑娘。——译注

② 游女：日本近世以前娼妓的总称。——译注

三十三、堀野义丰的酒类专卖法

嘉永年间（1850 年前后），远州滨名郡村栉町有一代官，[1] 名堀野义丰。一年，由于震灾，滨名湖畔一带遭受水灾，农民颗粒无收，困苦不堪。义丰专心寻求救济之良策，基于俭省乃第一要务，便先厉行禁酒，严禁酒类买卖。然而，义丰亦知难以绝对禁止，便推行“村庄酒类专卖法”。根据此法，酒类销售被定为村营事业，于村内设一销售酒类之事务所，称作“酒会所”，其余场所禁止销售酒类。酒会所只于每日傍晚营业，且必须现金交易，夜间则停止销售，居酒、茶碗酒 [2] 概不销售。所获收益用以支付村中杂费，若有剩余，则用于救济贫民。该酒类专卖法之布告如下：

---

① 代官：江户时代管理幕府的直辖地，征收租税的地方官。——译注

② 居酒：在酒店当场饮用的酒；茶碗酒：斟在饭碗中的酒。——译注

酒类专卖法告示

众所周知，酒自古用于祭神、助老、除病。适量饮酒，可活气血、防寒气、消忧愁、助言语、强体魄，故称百药之首。然而，过度饮酒，则费金钱、破法规，致人品行不端，终将家业拱手他人，且又生病丧命，其恶一言难尽。故于村中建一酒会所，村官照料经营，为全村计。其经营方式如下：

一、酒钱收入扣除诸费用，若有剩余，则用于村中税租等处，不足部分众人筹集。

若扣除税租后仍有剩余，则用于救助村中贫困者。

二、村民或有恶评，若上述销售法成立，恐年内费用皆用于饮酒之类，再者，亦恐有人因此不务正业，故村民可勤向村官告之，以杜绝上述弊端。

三十四、三人首级换一人

禁止被官、[1]下人恣意弃主出逃、禁止知情却雇用出逃者的法令，自战国战乱以来，乃诸家家法中格外严治之法。《大日本古文书》浅野家文书中便记有天正十九年（1591年）八月丰臣秀吉所下达之法令，有如下严厉规定：

> 无论武士抑或仆人，与主人不告而别者，不可雇佣。雇佣时应有担保人。但，倘若上述之人有主却恣意出逃，则应抓捕至前主之处。倘若有违此法者，纵容叛主者出逃，则以三人首级代其一人，送至前主之处。若不以三人首级换一人，则新主将受惩罚。

---

① 被官：日本中世高级武士的家臣或仆人。——译注

该法令大意为，即便为卑贱下人，若胆敢不请示主人而出逃，则不可再被人雇佣。倘若前主之通告送抵新主处，新主应立即将出逃者押送回原处。然而，若有人无视法令，包庇出逃者，则必须将自家下人三人斩首，首级送至前主处。倘若不以三换一，则新主必受惩罚。以三人首级换一人，不愧为秀吉立法，颇能洞察世相，意味深长。

中田薰博士早年偶然发现盖有秀吉朱印之碎片，寻思似乎曾于某处见过，推测应是《浅野家文书》，翻查之，果真为同一文，不过一二字略有改动。而且此法令之颁布并不唯独针对浅野氏，其他大名亦应包含在内。

日本战国时代著名政治家丰臣秀吉（1537-1598 年）

三十五、会社

《会社弁》(福地源一郎译,明治三年十月大藏省出版)与《立会略则》(涩泽荣一著,明治四年四月大藏省出版)使用“会社”一词后,该词便被广为使用。尤其《会社弁》专论银行之事,其短序中写道:“所谓会社,乃百般商工会同结社者之通称,适合翻译英文‘company’‘corporation’。”可见,“会社”一词,早前既已存在,并非福地氏等人所独创,然而,早前究竟何人所用,却不得而知。

余近日偶然发现,该词之首创者,或许为福泽谕吉先生,而津田真道先生及加藤弘之先生为最早之使用者。

津田先生于庆应四年(1868 年)出版《泰西国法论》,书中论及“建社之权”,文中写道:“所谓建社之权,乃数人结为会社,合众人之力凑本钱,创立以一人之力无法完成之事业,而达共同本意之权。”加藤先生同年出版《立宪政

日本近代杰出的政治家“天下双福”之福地源一郎（1841-1906 年）

日本近代杰出的政治家“天下双福”之福泽谕吉（1835–1901 年）

体略》，此书现已绝版，书中就“结社及会合之权利”使用了“会社”一词。但是，考虑到《立宪政体略》中之说明与《泰西国法论》几乎相同，故“会社”一词恐于早前便已被使用。

然而，福泽先生于庆应二年初冬出版《西洋事情》，卷首刊登《庆应二年丙寅七月福泽谕吉志》之短序，其初编卷之一有“商人会社”一节，记录了会社之定义：

日本资本主义之父涩泽荣一（青年时代）

> 西洋之风俗，乃为大商业，商人一人之力不及，结五人或十人同伙之力，共为其事，云云。

该书确实已经使用“会社”一词。然而，更早之前，文久二年（1862年）开成所出版的《英和对译袖珍辞书》，因其袖珍而被戏称为“豆腐字典”。书中仅有“社中”“职人同伙”之翻译，并无“会社”。庆应三年，即《泰西国法论》《立宪政体略》出版前一年，辞书再版，上述翻译无任何改动。自庆应元年起，幕府终于为通晓贸易事情，意欲仿西洋诸国之例，设立商社，至庆应三年六月，幕府向鸿池物、加贺屋、加嶋屋等豪商下达“商社监管事务”，并任命“商社董事长”“商社调解员”“商社干事”等职务。由此可见，加藤与津田先生之著作问世之前，其正式名称为“商社”，并非“会社”。

此外，同治三年，即元治元年（1864年），丁韪良译著《万国公法》出版，书中将“East India Company”译为“东印度商会”，而《英华字典》中之译语亦为“公司”“公会”“商会”，唯独不见“会社”一词。

如此看来，译语“会社”之初现，乃庆应二年出版的福泽谕吉先生著作《西洋事情》，津田博士之《泰西国法论》与加藤博士之《立宪政体略》次之。此后，明治六年日就社出版的《英和字典》、明治八年出版的箕作麟祥译著《法兰西商法》中，皆用“会社”，此时已是该词因《会社弁》与《立会略则》而广为流行之时。

编者追记

明治初年，公益社团法人亦被称为“会社”。作者一篇刊登于明治十七年九月《法学协会杂志》第七号之论文《出狱囚徒救助论》(《穗积陈重遗文集》第一册，第 312 页）中，将免囚保护的公益社团称为“出狱囚徒救助公社”。

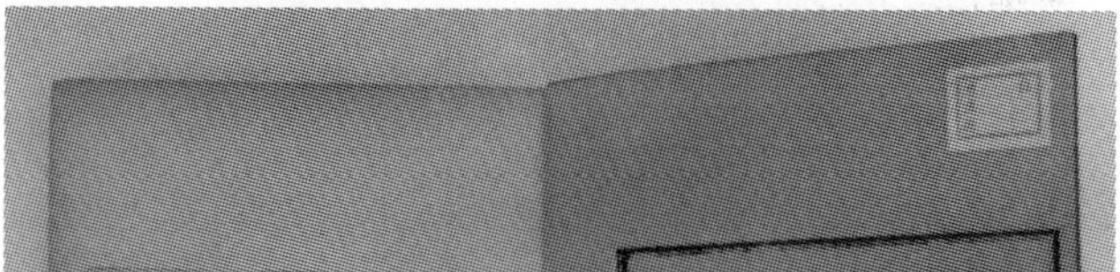

福泽谕吉著作《西洋事情》封面（1866 年）

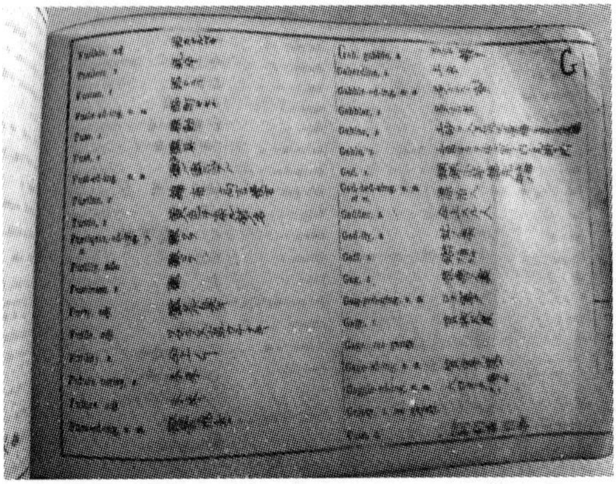

庆应三年《英和对译袖珍辞书》(1867 年)

涩泽荣一著作《立会略则》初版封面

三十六、加藤弘之博士的人权新说

加藤弘之博士乃本邦法学研究之先驱者，泰西法学输入之功劳者，其功绩之多无须赘言。先生为学，终年孜孜不倦，浑然不觉年岁已高，每每引领学界，不断推陈出新。而且，即便是自己多年前主张坚持之主义学说，一旦日后自知言之有错、文有误谬，便断然抛弃往日之主义主张，重回自觉正确真实之处。加藤先生之学者风范，堪称天下后世之楷模。

明治二年，先生著《真政大意》与《立宪政体略》二书，并于明治六年再版《国体新论》一书。上述三书，皆坚信人类生来就有天赋人权之主义，并以此为基础立论。此后，先生阅读了达尔文（1809–1882 年）的进化论，斯宾塞（1820–1903 年）、海克尔（1834–1919 年）等人的进化哲学，在知晓吾人之权利绝非天赋之物，全依靠进化而渐成之后，便断然否认之前的天赋人权说，并将上述三书绝版。世人无法了解先生在此学问上之确信，彼时恰逢政府打压在野党的民权论，人们便曲解先生迎合政府当局，视其为曲学阿权之徒。然而事实却完全相反。明治十五年，先生出版一小书，名为《人权新说》，此书乃先生一改先前主张首发之作，并于《自叙传》中如此记录此事：

> 余四十七岁时，即明治十五年，出版《人权新说》一书。此乃余之主义转变后初著之书。余一改先前主张之理由，在于余拜读英国开化史大家巴克尔（1821–1862年）之著作，始知自己形而上学、荒唐无稽，感叹若不依据自然科学，则无一事可论究。后又读达尔文进化论、斯宾塞、海克尔等人之进化哲学，宇宙观、人生观便与以往截然不同。首先，吾人之权利，绝非天赋，而是依靠进化产生。为说明上述观点，余另著一书，便是上述《人权新说》。

加藤先生晚年著作《自然与伦理》之自序中，亦记有此事。

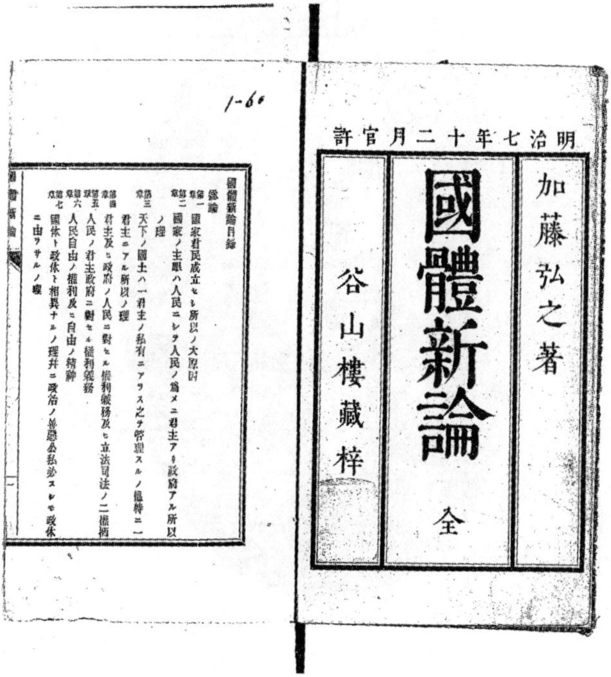

明治七年十二月官許

加藤弘之著

國體新論 全

谷山樓藏梓

國體新論目錄

總論

第一章 國家君民成立セシ所以ノ大原因

第二章 國家ノ主眼ハ人民ニシテ人民ノ爲メニ君主アリ政府アル所以ノ理

第三章 天下ノ國土ハ一君主ノ私有ニアラス之ヲ管理スルノ權特ニ一君主ニアル所以ノ理

第四章 君主及ヒ政府ノ人民ニ對セル權利義務及ヒ立法司法ノ二權柄

第五章 人民ノ君主政府ニ對セル權利義務

第六章 人民自由ノ權利及ヒ自由ノ精神

第七章 國体ト政体ト相異ナルノ理幷ニ政治ノ善惡公私必スシモ政体ニ由ラサルノ喩

加藤弘之著作《国体新论》封面（早稻田大学藏书）

时任东京帝国大学总长的加藤弘之（1836–1916年）

三十七、法学通论

明治七年，如今东京帝国大学前身东京开成学校开始设置专业法律学科，当时，学校仅教授英国法律，低年级有一门课程，名为《法律大意》(*General Outline*)。然而，《法律大意》并未成为学科之名。明治十四年，余留德归国，成为东京大学讲师。当时，德国有门学科名“Enzyklopadie der Rechtswissenschaft”，教授法律学之大概。余欲向我邦初学者教授此门学科，遂向时任大学总长加藤弘之先生提出申请，总长立时同意，并建议命名为“法学通论”，余觉甚妥，便依言定名。

三十八、成年

算数可谓人类精神进化之计量器。低级文明的人类欠缺数字观念。尔后，人类知晓可用指头算数，最初用手指从一二三算至五，后又进至十，最终诞生出十进制。因此，在高级文明社会，缺乏数字概念成为嘲讽愚人之语。例如，德国有句讥讽话："连五都算不出。"西班牙亦有相似之句："我来教你数到五。"此外，依照英国什鲁斯伯里（Shrewsbury）习惯法，将能够算出十二便士者视为成年人（Tylor, *Primitive Culture*, I, p.242）。而较之无论智愚、皆绕门松[1]转二十圈方才成年之方法，上述做法应该更胜一筹。

---

① 门松：日本民俗中正月竖在房门口或大门口的装饰性松树。松树原为年神入门的依附之物。——译注

三十九、审判延期

昔日，因考虑到法官断狱须酌情，故随时宜处理事件之自由颇广。希腊、罗马时代，作为酌量免刑之手段，往往存在执行无期或者长达百年的延期审判。下述之事便为两例。

雅典一少女，爱慕一男子，屡次传达心意，无奈落花有情流水无意，女子便采用迷信手法，偷偷使男子服下魔药，谁知药量过多，竟致男子死亡，女子因毒杀罪而被告。雅典最高法院在审理案件后，作出延期审判之裁决后再无审理。此案见亚里士多德之著作中。

罗马将军多拉贝拉（Dolabella）（公元前 70- 前 43 年）任西亚总督时，伊兹密尔地区曾发生妻子毒杀丈夫事件。多拉贝拉亲自审讯，发现丈夫极其残忍，因痛恨其中一子，便联合其余众子将其杀害，而妻子不堪悲愤，便决意为子复仇。多拉贝拉将案件移至雅典最高法院审理，法院宣告审判延期百年。

四十、古希腊法院

古希腊有三类法院：

（一）重罪法院，即雅典最高法院（Areopagus），审理谋杀等重罪，并维护社会公共秩序。

（二）仲裁法院（Diaetelae）。

（三）一般法院，处理最高法院管辖外的诉讼。

上述三类法院皆为合议制。当时民族被分为十部，各部选出六百名审理官（Dicasts），即审理官总数为六千人，其中处理日常事务者五千，其余一千人为预备人员。再将审理官分为十部，每部设一法院，每间法院有五百名审理官。法院建筑颜色各异，内设法官席、旁听席、讲坛等，诉讼人于讲坛上陈述诉讼事由。判决采用多数制，或举手表决，或用黑白豆子投票。每位审理官俸禄仅为三欧布尔（obols），为本邦八钱左右。合议制下法官之微薄薪酬，古今各国大同。

世界名画《雅典法庭上的芙丽涅》(1861 年)

四十一、必也使无讼乎

《窗之须佐美》一书中记有一事。

备前国之民，兄弟争田，经年不决，后因同伙众多，亦不听从官府之言。光政朝臣[1]视其为一要政，不可敷衍了事，遂命泉八左卫门（与助弟）断是非，盖因泉八左卫门乃立志圣学之人也。泉八左卫门屡屡请辞，称不在其职、不谋其事。然上不许，故泉八左卫门遂于宅中审理，传唤两兄弟，却不听双方申诉，谓其曰："今日忽有急事，颇为费时，故汝二人在此等候。"便将兄弟安置一斗室内，终日不与二人见面，却命人奉上美酒佳肴，令两人酣醉，又因寒天，令二人共同入浴。及日暮，命人传话，因手中事务未完，纵然夜深亦

---

① 光政：池田光政（1609–1682 年），又名松平新太郎，播磨姬路藩第三代藩主，从四品少将。朝臣：在古代日本，冠在三品以上人的姓下、四品和五品人的名下的敬称。——译注

要今宵听二人申述。遂命人于二人中间立一火盆，至夜半却仍不露面。兄弟二人白日相对无言，但整日同处一室，终究有兄弟情谊，天寒取暖，便渐渐靠近，围炉而坐，忆起童年种种，不觉动情，甚至谈起双亲在世之事。兄先道："细细想来，争执之因，乃争强好胜，方使事情闹大。如今也不必诉讼，停止争执，二人合力耕作。"弟闻之，感叹兄之心怀。两人计议后，便要说明此由，遂请人通报，泉八左卫门终于露面，殷殷叮嘱道："二人如此处理申诉，可喜也。同胞共出，骨肉相连，汝等业已知晓。"兄弟闻之哽咽，拜别大人后结伴而归，此后兄弟和睦，再无纠纷。所谓必也使无讼乎，泉八左卫门早已胸有成竹。

四十二、猛易宽难

中国春秋时期，郑国有一大夫名曰子产。其人因铸刑书而闻名天下，且经世之术亦出众，故子产于郑国执政期间，最强者如晋、楚，亦不敢入侵郑国。

子产生前于病榻曾嘱咐子大叔，遗训如下：

> 我死，子必为政。唯有德者能以宽服民，其次莫如猛。夫火烈，民望而畏之，故鲜死焉。水懦弱，民狎而玩之，则多死焉。故宽难。

子产死后，子大叔继子产执政，亦不忍用严厉政策，依然宽厚待民。然而，国内忽盗贼蜂起，于萑苻之泽[①]聚而闹事。大叔后悔不已，曰："吾早从夫子，不及此。"之后便发兵征讨盗贼，大获成功，其后盗贼之横行渐少。

---

① 萑苻之泽：今河南省中牟县东北。——译注

四十三、古董店与海鲜店之论法

学说之价值，非因新旧而定。昔日学者崇古，但凡与古相关，便是真善美。古则为善，新则为恶。非先王法言不言，非先王法服不着，甚至言语、成语等，若无出处，则必错。国学者会批判该词非古言，汉学者会嫌弃该成语非出自《佩文韵府》。此类学者坚信，但凡无出典、无出处之学说、用语，皆为错。然而对古人初次提出学说、初次使用该词是否正确，则置之不问。偶有创新，却刻意说明“自我作古”。此论法之基础，乃将理想置于太古之尚古思想。

然而，近代却见相反倾向，即凡事皆以新学说为善。听闻此学说为古物，便极为排斥，须新学说方为正确。此论法之基础，乃将理想建立于未来之进步思想。

不过，上述两类皆非科学论法。如自然科学，乃依据实证论法，多在证明旧说之误后，新说方才盛行，故新说大体皆为正确。但此论法，并非因其新而正确，而是经证明后方知其正确。即便是自然科学以外之学科，依据实证论法者，同样皆是新说正确。然而，在哲学等学科中，对于无法通过实证法证明者，斥古尚新之预断，不仅不科学，甚至极其危险。

因其古而好之，此乃古董店之论法；因其新而好之，则为海鲜店之论法。

四十四、名讳相关之疑

弗朗西斯·培根在其巨著《新工具论》(Novum Organum)中，批判了学者拘泥于先入观之现象，以往学者常常执着于某个仅依靠薄弱证据而存在的既存理论，只关注其积极方面，而忽视其消极方面。针对此弊端，培根曾举例论述道："人们带某人前往神殿壁画处，指着一幅祈愿得逃船祸图，说明图中人乃最早相信伟大神威之人，而某人则反问道：'那些祈愿失败而溺死者绘在何处？'"培根总结道："凡追求事实真相，必须制作三'研究表'(Tables of Investigation)，即'积极表'(Table of Affirmatives)、'消极表'(Table of Negatives)以及'比较表'(Table of Comparison)，依据此三表徐徐探究真理。"

关于本邦古代"忌名"习俗是否存在之问题，自古以来，学者皆无深入思考，只知自继受中国文化以来便存有名讳之礼制，便坚信以其为基础的实名敬避习俗在本邦并不存在。仅遗留神名之美称，且不与逃离船祸者相似？关于仅遗留神名之美称，先贤将其列入培根的“消极表”中，然而，难道不应将其列入“积极表”中？而“比较表”则应从世界各地之固有习俗，尤其太平洋诸岛之习俗类推至我族习俗。针对此疑问进行考察，便是余所作之《名讳相关之疑》。

编者追记

禁忌习俗作为世界多数民族中之普遍现象，却独本邦自古便无，针对此学说，著者质疑其可信度，遂着手研究。其研究方法之一是于书房悬挂一大地图，每遇书中提及某处有禁忌习俗，便以红点标记图上。红点逐渐增多，南洋某岛、欧洲某地、非洲某部族、中国、朝鲜等，甚至位于日本南部之台湾岛与冲绳岛，北部自萨哈林岛至千岛，皆有红点，唯独日本本州一片空白。是否就此已得出真相？东洋地区围绕日本的所有民族皆有禁忌习俗，唯独日本自古便无此俗，是否已一矢中的？著者查询《古事记》与《日本书纪》等经典，调查日本上代历史，发现本邦其实亦有禁忌习俗，不知能否被认可？著者由此疑问开始，写出论文《名讳相关之疑》。此文最初于大正八年二月刊登在《帝国学士院第一部论文集》邦文第二号上。尔后经过修订，更名为《实名敬避俗研究》，原定由刀江书院出版，然而不及发售，著者便驾鹤西去，最终此书作为第一部遗著出版。

培根著作《新工具论》初版封面（1620 年）

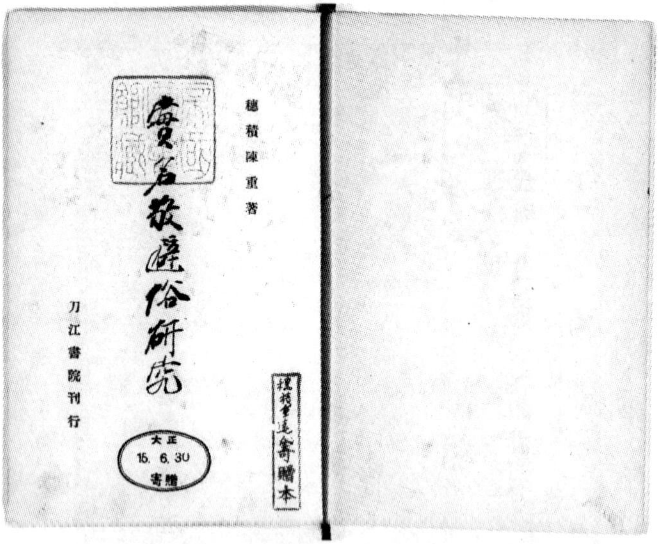

《实名敬避俗研究》初版封面(1925 年)

四十五、法与主权者之意志

在非洲操金本杜语的地区(Kimbunda-Lander),[①] 酋长之意志即活法律,人民守法,不如听从酋长一人之言,因此酋长一死,全族便瞬时陷入无法律状态,族人相互掠夺,一时间,弱肉强食,尔虞我诈。然而,一旦下任酋长即位,社会又重新回归治安状态。(Hellwig, *Das Asylrecht der Naturvoelker.S.*97.)因此,在前任酋长死后,后任酋长即位之前的一段时间内并无法律,后任即位后法律方又出现。当地人自古便有法律即主权者之意志的观念,而最初主权者之意志并非能脱离主体而存在。即便自祖先崇拜开始,父

① 金本杜语(Kimbunda),安哥拉民族语言集团中第二大团体,包括操班图语系金本杜语的各不同部族,它们分布于安哥拉中北部的大部分地方,住在临海的首都卢安达以西,介于北部的丹德(Dande)河与南部的宽札(Kwanza)河之间。——译注

子相传、祖孙继承成为习俗后，依靠先酋长之威力而得以维持的治安，一旦无维持者，便纲纪松弛，社会陷入无政府状态。直至君权世袭制确立后，君主之意志方才脱离君主身体而独立存在。

四十六、摩西十诫

摩西十诫乃规范的律法。仅仅十条法则，便网罗一国法律必备的重要规定，毫无疏漏。首先，就作为宪法基础之统治权归属，十诫开篇便宣布以色列人只能崇拜耶和华一神，其文如下："除我之外，不可有别的神。"其次，就统治权之不可侵，第二诫与第三诫中禁止雕刻神像，严禁妄称耶和华之名，有罪者，神必追讨其罪直至子孙。可见，此律法之首已然设定了宪法之基础规定。第四诫乃安息日相关之命令，是针对全体以色列人劳动之规定，类似近代的社会立法。第五诫之"孝敬父母"，乃巩固作为社会要素的家庭以及亲属之根本的规定，是亲属法基础相关之法律。第六诫之"勿杀人"、第七诫之"勿奸淫"以及第八诫之"勿偷盗"，皆与后世之人命律、奸淫律、盗贼律等同，是保障众人共同生活之基础的生命、贞操、财产安全的规定。最后，第九诫与第十诫，便整体概括规定一般社会义务，要信任并尊重邻人。

摩西十诫

摩西十诫在其实质内容上及其体裁完备度上，堪称古今海内外无可比拟之立法杰作，与其相比，近代立法不过是敷衍之作，应时要之需而已。然而，从本质上看，摩西十诫基本为消极命令，唯独其中二诫为积极命令。此乃为教化原始民众而不得不如此而为之，伴随文化进步，此类规范逐渐从积极方面进行表达。因此，基督再次重申摩西十诫时，提炼出两大积极的要素，成为“爱神”“爱邻人”之两大训示（参见《马太传》二十二之三十六至四十），并将第一诫与第十诫包含在内。基督与摩西皆为伟人，且出现晚于摩西，当他不断传播摩西十诫时，一向从积极方面进行宣扬，这点极为难能可贵（参见《马太传》五之十七、二十二、二十八；十二之三十四、三十七；十五之四至六；二十二之三十六至四十；《约翰传》四之二十四）。摩西十诫乃禁忌，而基督之“新诫”（《约翰传》十三之三十四）为教导。

上述基督之两大训示乃人类社会生活之要素，表达出团体存在发展之动力的向心力与凝聚力，基督进而概括为：“汝应彼此相爱”，以爱之大原则成就“新诫”，真实体现基督之伟大精神。孔子以仁为德之本，东西方相互辉映，堪称德教双璧。不过，论及施于人，孔子消极表达为：“己所不欲，勿施于人。”成为仁的消极规范，乃“有一言而可以终身行之者”。与其相反，基督则积极表达“己所欲，施于人”之观点：“希望他人如何待汝，则汝亦如何待他人。”以此作为爱的积极规范，不仅是慎己、不作恶，而且是命教徒主动为他人行善，故后人称其为“黄金定律”（Golden rule）。

四十七、从消极至积极之规范

一切规范皆由消极演变至积极，此乃进化之常态。不仅是宗教戒律、道德教训，法律规定亦如是，初始皆为禁制。沛公入关，约法三章："杀人者死，伤人及盗抵罪。"丞相萧何制定汉朝律令时，最先颁布之法典，乃《九章律》。此外，魏国李悝编成《法经》六篇。正如中国历代法典皆以律为本，各国在原始时期，亦是禁止恶行，维持治安，保护生命财产安全，以此作为共同生活之基本要件。

由此可见，法之原始作用，主要为消极，故后世"法"或"律"通常用于表示禁制，或者因违法而产生的诉讼或审判。例如，"律"通常意为"刑法"，古制中，将法令分类为"律""令""格""式"，作为刑罚法之"律"居于首位，不仅如此，"令"亦含有禁制意义，《弘仁格式》之序中，便有明确表述："律以惩肃为宗，令以劝诫为本。""法"不仅具有"刑罚”意义，写作“法度”或“御法度”时，则意为禁制，其余如“法庭”“法官”“法曹”“法吏”等词，指代官衙或吏员，专司法令消极方面之制裁。而专司法令积极方面之官员，则不被称为司法官，而是行政官，此类称谓，皆有其沿革之因由。在泰西诸国之语言中，“法”相关之词汇，用于消极方面的制裁、诉讼以及刑罚意义者，数量庞大。

四十八、民免而无耻

《论语》为政篇写道：

> 子曰，道之以政，齐之以刑，民免而无耻；道之以德，齐之以礼，有耻且格。

对照本邦现状，此文尤显意味深长。孔子认为，为政之道，法治乃基于德治，立法与教育相辅而成，若非如此，则无效果。

凡立法者执笔时，须表里同时熟察人情，一方面努力使规定易于达到法律要求之目的，另一方面则须提防误触刑辟或漏网之鱼。倘若立法者怠于上述细节，则不仅是在国中作陷阱驱民赴之，更是藐视国法，教民免而无耻。

四十九、甘薯先生与流刑者之福音

本邦洋学先驱者、兰学鼻祖青木文藏（1689–1769 年）出生于江户日本桥的鱼河岸，[①] 乃小田原町一鱼商之子。名敦书，号昆阳，通称文藏，幼年时期起，便立志学问立身，遂前往京都，拜在当时有名的伊藤东涯门下，却并不用心于经义文章，反而倾心于实用经济之学。尔后归江户，于八丁堀购一房宅，收徒亲自教学。然而当时尚未崭露头角，颇为生计苦。

享保十一年，其父半右卫门辞世，文藏依照儒礼，恪守三年之孝。后其母亦殁，文藏继续服丧三年。前后共六年时间，除祭扫外，完全闭门不出，其间亦无饮酒啖肉，朝夕仅食粥，尽心服丧。

① 鱼河岸：设有鱼市的河岸。——译注

纵然是儒学中人，如此敬恪者，亦为罕见。当时文藏居所就在加藤枝直的宅邸内，加藤枝直即著名歌人加藤又兵卫，乃贺茂真渊之门人，亦是当时江户町奉行的与力。[①]加藤见文藏之行为，十分敬佩，之后将此事上报给上司——越前守[②]大冈忠相。越前守亦大为佩服，心中选定为可用之才，然而单是守孝便要六年，无法任用。越前守遂命文藏，若有何精通之事，可来报告。在此之前，青木文藏曾认真研究过萨摩薯。当时幕府规定，非死罪的重罪之人统统流放远岛，岛上五谷缺乏，饿殍遍野。文藏悯之，听闻五谷之外，最合适的食物便是萨摩薯，尤其可在贫瘠之地耕作，故开始研究种种栽培之法，并著书，题为《番薯考》，甚至亲自播种栽培。故如今町奉行所询问是否有精通之事，便提交《番薯考》一书。町奉行将此书上呈吉宗将军阅览，将军大悦，赞其甚好，望能早日实施，遂从萨摩收集番薯种，命文藏于小石川的御药园内试种，并且官方出版《番薯考》，与番薯种一并分配至伊豆七岛、佐渡等地，命其栽培。当时是享保二十年，日本全国兴起萨摩薯热潮，便是在此之后。《先哲丛谈》之青木敦书传中写道："未数年，无处不种，至今上下便之，虽岁不登，民不遄饿者，实昆阳之惠及无穷矣，题其墓

① 与力：日本江户幕府的职名，尤以江户的"町奉行"属下的町与力最为有名，负责江户市内的行政、警察和审判工作。——译注

② 越前守：越前国的长官。——译注

门之碑，曰甘薯先生之墓，有以哉。”

因此番薯一事，大冈越前守便任用青木文藏，最初之官职，为御书物御用。[1]文藏因可披阅官库文书，便逐渐立志学问研究，开始研究荷兰语，后受将军之命，着手兰书翻译之事。

青木文藏之墓（日本东京都龙泉寺）

① 御书物御用：管理宫中书籍的官员。——译注

五十、法令诵读

德川吉宗将军（1716–1745 年在位）某日例行外出狩猎，行至葛西的岛根村，在等待野鹤时，便暂入附近一民宅歇息。将军入内，见家中摆放数张桌子，桌上放有卷轴。虽是农家，但见其不俗，便召唤主人上前询问。主人答曰：“鄙人吉田顺庵，平民百姓，从医。”将军拿起桌上卷轴，见上书《御代代之御法度书》，[①] 便问主人：“此为何书？”顺庵惶恐答曰：“鄙人教授邻家孩童习字，想到与其教《今川状》，[②] 不如教《御条目》，[③] 习字诵读两相宜。今日御驾光临，鄙人并未前去教习。”将军听闻，喜悦非常，归城后翌日，召集所有

① 《御代代之御法度书》：意为各代法律汇编书。——译注

② 《今川状》：今川了俊写给弟弟仲秋的家训，共有 23 条道德训，是江户时代孩童习字、修身之书。——译注

③ 《御条目》：江户时期幕府颁发的条令书。——译注

勘定奉行，[1] 将昨日岛根村所遇之事一一告知，随后问道："习读御法度书，是否奉行所下令所为？"诸人皆答曰，未曾下令，而且顺庵之事，亦是今日首次从将军处听闻。吉宗将军越发觉得此事奇特，"一切御法度，纵然当下记住，时日一长便又忘却"，故下令其他村落效仿顺庵之举。随后召见御代官伊奈半左卫门，令其奖赏顺庵十枚白银，并赠《六谕衍义大意》一帙，"用于孩童习字"。

据《兼山秘策》记载，此事发生于享保七年（1722 年），诸书皆以顺庵为四谷村之人，而该书写道，四谷村乃误谬，实为岛根村之人。

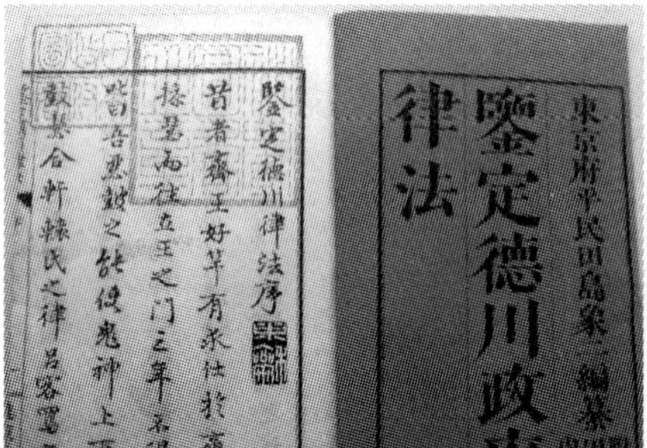

民间编纂的德川幕府时代的法律汇编

① 勘定奉行：江户幕府的职名，监督幕府直辖地的代官、郡代，管理幕府财政以及领内农民的行政、诉讼等事务。——译注

五十一、“成胸”之法

当人们信心十足，觉得一切尽在掌握时，便会拍胸脯以示“了然于胸”。法律于古时亦同样被国王或法官“铭记于胸”。

马恩岛（isle of man）上便有“胸法”（breast law）一词。1270 年前，马恩岛乃斯堪的纳维亚国王之领土，之后先后归属过苏格兰以及英国。直至中世纪，该岛尚无成文法，所谓法律，便是书写于法官胸中之法（Laws written in the breaste of deemsters）。“deemster”意为“审判之掌舵人”（doomesteerer），乃人民选举之法官，被视为“惯习传说之仓库”。法官依靠记忆中之惯例、传说、先例作出判决，即便面对新事物，亦以自己正当之考虑为惯例。1422 年，马恩岛首次记录法官之审判例，马恩岛成文法由此诞生，而“法官之胸法”制度则一直延续至 1600 年。

五十二、印度之神谕审判

在摩奴法典(Manu)、那罗陀法典(Narada)、述祀氏法典(Yagnavalkya)、毗湿奴法典(Vishnu)、布里哈斯帕提法典(Brihaspati)等诸多印度古代法典中,皆有规定下列神谕审判,并详细规定各类方法。由于审判时与祈祷共同进行,故称为“祷审”(purikeh,parikyah)。

(一)秤审

以最大天秤两次测量被告体重,比较前后之差,若后者等同于或重于前者,则为有罪;若比前者轻,则无罪。测量人为婆罗门僧侣,往往可任意左右结果。尔后此审判法传入西洋,时常以《圣经》代替砝码,而结果与印度相反,先重后轻者有罪。

(二)火审

被告将七粒炽热铁球置于无花果树叶上,以手捧之,步行于八个间隔有序之圈上，若手心烫伤，则有罪，若无伤，则令其用手心揉搓米粒，安然无恙者无罪。另有一种方法，令被告舔舐热锄头，依据烫伤与否来定罪之有无。

（三）水审

先用强弓射三箭入水，后命强壮者步入河海湖池，直至水位齐腰。被告被捆住双腿浸入水中，同时令一疾行者疾走至方才三箭中落于中间位置者之处，拾箭后返回。在此期间，若被告于原处沉入水中，则为无罪，若手足或身体某部现于水上，或者漂浮至他处，则为有罪。

（四）毒审

令被告服食喜马拉雅山所产毒物士利额（sringa），若中毒，则有罪。

（五）圣水审

令被告服用灌入神像之水，以此决定神罚之有无。服用圣水两周内无事者无罪，若期间被告发生疾病、受伤、火灾、近亲死亡等不幸事件，则为有罪。

（六）米审

以灌入神像之水浸泡供奉日神之稻谷一晚，翌日清晨令被告服食，后吐出于无花果或桦树树叶上，若呕吐物带血，或被告手脚战栗，则为有罪，若无上述症状，则为无罪。

（七）热油审

往一大铁锅或土锅中倒入麻油或黄油，煮沸，投入钱币，令被告以手探取，之后以软蕉叶包裹其手，三日后检视，若手指肿烂，有罪，反之无罪。

（八）签审

取两枚树叶，一枚以黑色绘代表正义之达摩（Dharma）神像，另一枚以白色绘代表邪恶之亚达摩（Adharma）神像（与本邦白为正黑为邪相反）。两枚树叶分别以土包成球状，投入一壶中，令被告取其一，若取出达摩为无罪，取出亚达摩则为有罪。此方法传入中世纪欧洲，演变为将两骰子投入壶中，取出绘有十字架者无罪。

中世纪瑞典的火审

中世纪印度的火审

中世纪欧洲的水审 1

中世纪欧洲的水审 2

中世纪欧洲的水审 3

五十三、区诃陀智

本邦上古曾执行过“区诃陀智”（くかだち）。“くかだち”写作“探汤”或“盟神探汤”，另有别名为“誓汤”。此乃祈祷神明后以手探热汤之“热汤审”，因武内宿弥与其弟甘美内宿弥之诉讼事件而闻名。《日本书纪》应神天皇之条目下记有此事，原文如下：

> 天皇则推问武内宿弥与甘美内宿弥，于是各坚执争之，难决是非。天皇敕之，请神祇探汤。是以武内宿弥与甘美内宿弥共出矶城川滨为探汤。武内宿弥胜之。

之后，允恭天皇四年，人民有诈冒姓氏，为正其事，执行“盟神探汤”，《日本书纪》允恭天皇条目下之原文如下：

戊申诏曰，(中略)故诸姓氏人等，沐浴斋戒，各为盟神探汤。即于味橿丘之辞祸户岬，坐探汤瓮，引诸人赴之曰，得实则全，伪者必害。(盟神探汤发音为“区诃陀智”，或纳泥入釜，煮沸，攘手探汤泥，或以火色烧釜，掌置其上。)于是，诸人各着木棉手套，赴釜探汤。则得实者自全，不得实者皆伤。是以诈者愕然，退而不进。是后姓氏自定，更无诈人。

此外，中国史书关于日本记事之《北史·倭国传》中有如下一文：

或置小石于沸汤中，令竞所者探之。理曲者即手烂。或置蛇于瓮中，令取之。曲者即手螫。

作为“区诃陀智”之遗风，武家时代曾有“汤起请”之审判法。

五十四、阿伊努人之“塞盟”

阿伊努族中亦执行过热汤审，称为“塞盟”。北海道厅出版之《北海道旧土人》记此事如下：

> 于众人前审判罪恶，决不秘密行之。而罪人若容易服其罪，则另当别论，否则投石入热汤中，令其探之，又或于掌上置草叶，载火其上令握之，又或令其饮大量冷水，以无事为无罪，以损伤为有罪。又二人相争不决之情况，则以一定仪式令两人以枝交互相打，称为“乌卡利”，或令两人争论，称为“恰兰踏”，依据两人胜败决其罪之有无。

由此可见，北海道除热汤审外，亦执行火审、水审、斗审等。

阿伊努人 1

阿伊努人 2

五十五、尸骸出血

古时人们相信，杀人者接近被害者尸体时，尸骸便会流血，于是出现“触尸审”之审判。

德国著名古史诗《尼伯龙根之歌》(Das Nibelungenlied)记载，西格弗里德葬礼举行时，谋杀者哈根被要求靠近尸体，以证明无罪。当其行至棺前，尸骸出血，最终坏事败露。在十七世纪的德国，人们露出被害者尸体腹部，暴晒一定时间，令血完全凝结后，命嫌疑者于宣誓祈祷后，以二指触碰被害者之口与脐，或者碰触伤口，倘若尸体轻微抽动，或口吹泡，或伤口及其他口鼻耳等处出血，则为有罪之证据。

英国亦有相同观念，也曾执行过触尸刑。亨利二世因其子理查德反叛而被杀，理查德于丰特伏罗修道院(Fontevraud)参加父王葬礼时，亨利二世尸骸突然出血，而被誉为勇猛绝伦之狮心王理查德亦恐惧战栗。在莎士比亚戏剧《理查德三世》中，格洛斯特公爵理查德杀害了亨利六世，在其靠近尸体时，尸骸出血，安夫人见之，便情绪激动高呼："看哪！大家来看故君亨利的创痕，看它们凝口又裂开了，鲜血又喷流了……他那原已冷瘪的血管又鲜血奔流，是你的所作所为，反人性，反天意，引发了这股逆潮。"

查理一世登基第四年，哈特福德的巡回裁判所审判时，命被告触摸被害者尸体，以出血为由判其有罪。此外，在十七世纪后半叶之前，苏格兰一直执行"触尸审判法"，若有杀人犯不明之情况，则令所有邻居触碰尸体。1611年，某地出现谋杀案犯人不明，在传唤所有邻居时，有一绅士因故缺席，而此绅士平素德高望重，无人怀疑。然而，绅士之女碰巧围观而靠近尸体，忽尸骸出血，人们遂意外发现凶犯居然是此绅士。

此"触尸审判法"横渡大西洋，传播至北美的英属殖民地，在合众国独立之前，一直沿用此法。例如，1689年在伊利诺伊莱巴嫩，[①] 人们从某墓地挖掘出被害者尸骸，令邻居二百人列队按次序触摸尸体，以此发现犯人，此乃触审之有名事件。

---

① 原文标注为1869年，当为手民误植，翻译时改为1689年。——译注

德国古代史诗《尼伯龙根之歌》书影

五十六、起誓之失

诉讼当事人书写起誓文，乃本邦中古时期之审判手续，《御成败式目》中亦可见。当事人向最崇敬信仰之神明佛陀立誓，发誓自己绝无行不正邪曲之事，若供述虚假，则甘受神明之罚，记录并提交以上证文，便是起誓文。起誓文提交后一段时期内，提交者若发生某些事故，则被称为“起誓之失”或“起誓文之失”，以说明宣誓虚假，法官依据上述事故之有无进行审判。“起誓之失”可谓包罗万象。文历二年（1235年）闰六月二十八日，《御成败式目》追加《起誓文之失各条》，其内容如下：

一、流鼻血。

二、起誓文写后卧病不起，且排除原有之病。

三、头上掉鹰粪。

四、衣物被老鼠啃食。

五、身体出血。排除剔牙、妇女生理期、痔疮发作三类情况。

六、不论亲属远近之服丧。

七、父或子获罪。

八、饮食时噎住，必须捶打后背方才止住者为“失”。

九、乘坐之马暴毙。

起誓文书写后七日内若无上述之失，起誓者须在神社闭居七日，在此七日内若再无失，则起誓者被判为言之有理。

《古今著闻集》卷五记有一事，一女官名小大进，因御衣丢失而受嫌疑，书写“祭文”即起誓文，于北野之社闭居斋戒。其文如下：

鸟羽法皇之女官中，有一歌人名小大进，因丢失待贤门院（中宫）御衣一件，被疑为偷盗，便在北野之社闭居斋戒，写祭文洗刷罪名。第三日，却失手打翻神水，监督歌人之检非违使[①]见状，曰：“此

① 检非违使：日本律令制下的令外官，是检非违使厅的官员，令外官是在令制规定的官职以外新设的官职或官厅，检非违使的意思是“检察非法行为的天皇使者”。——译注

乃过失无疑，汝去也。”小大进哭诉道：“所谓朝廷亦有私情，请宽限三日，若无神谕，再带走小女亦不迟！”检非违使心生怜悯，同意延期。小大进唱道：“北野之神，可曾记得，成仙之前，蒙受冤屈，多么艰辛。”

五十七、“君意即法”之法谚

“元首所嘉奖者，有法之效力。”

（Quod principi placuit, legis habet vigorem.）——古代罗马

“国王乃活法律也。”

（Rex est lex animata.）——中世纪罗马

“皇帝乃法律之父也。”

（Der Kaiser ist ein Vater des Rechts.）——中世纪德国

“国王乃活法律也。”

（Das lebendige Gessetz ist der König.）——同上

“君言即法。”

（Das ist Recht, was der König sagt.）——同上

“王之所欲，法之欲也。”

（Que veut le Roy, ce veut la loy.）——中世纪法国

“神作王，王作法。”

（A Deo rex, a rege lex.）——中世纪英国

“礼乐征伐，自天子出，喜则有赏，怒则有刑。”

——古代中国

五十八、法律解释乃皇帝大权

罗马的查士丁尼大帝于公元五二九年二月十三日发布敕令，宣告法律解释乃皇帝大权。其文如下：

> 立法之权，如今专属皇帝，解释之权，亦为皇帝特权。故法律存疑义，而官吏不能解决相关争议时，应呈报乞朕裁决……解法律之谜、令众人详知者，非独占立法特权者莫属……皇帝既为立法者，亦为释法者。

翌年，公元五三〇年十二月十五日，大帝对法典编纂委员长特里波尼（Tribonianus）颁布敕谕：

> 朕依天佑，命卿编纂此法典，名其为《学说汇

纂》(Digesta / Pandectae)。朕鉴于往时因注释者异说争论而使法制全体陷入混乱状态，故禁止法学者将来对此法典擅加注释，以一己之言扰乱法典简明正确之编制。

1553 年版《学说汇纂》书影

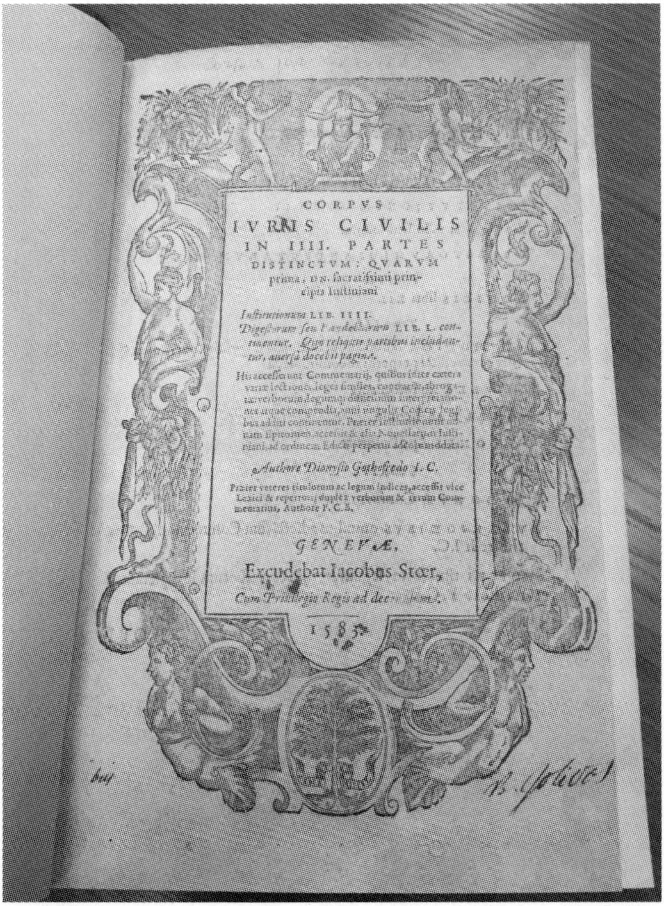

CORPVS
IVRIS CIVILIS
IN IIII. PARTES
DISTINCTVM: QVARVM
prima, DN. sacratissimi principis Iustiniani

Institutionum LIB. IIII.
Digestorum seu Pandectarum LIB. L. continentur. Quæ reliquis partibus includuntur, aversa docebit pagina.

[illegible]

Authore Dionysio Gothofredo I. C.

[illegible]

GENEVÆ,
Excudebat Iacobus Stœr,
Cum Privilegio Regis ad dec[illegible].
1583

1583 年版《学说汇纂》书影

东罗马帝国查士丁尼大帝(公元 483-565 年)

五十九、口口相传

古代法律之传播，均采用“记忆口传法”，依靠记忆口口相传，犹太人的古代法《朵拉》(*Torah*)便是其中一例。《摩西五经》(*pentateuch*)记录自摩西以来历代祭司口传而保存之法则，先时为谙记，之后逐渐以笔记取代。旧约全书《玛拉基书》第二章第六、七节写道：“真实之律法在他口中，他口中并无不义之话。他以平安和正直与我同行，使多人回头离开罪孽。祭司的嘴里当存知识，亦当由他口中寻求律法，因为他乃万军之耶和华之使者。”此文显示祭司乃法律的记忆口传者，同时亦为法官。

在本邦尚无文字记录技术之上古时代，重要史实皆通过记忆口诵传承。《古语拾遗》卷首写道：“盖闻，上古之世未有文字，贵贱老少口口相传，前言往行，存而不忘。”其中有部族专司记忆口传之术，即“语部”。

文献中明确记载有一部族名“语部”，却无详细记录。然而从其名称考证，应是将前代记忆通过口授长久传承至后代之部族。《贞观仪式》中记载，大尝祭之卯日仪式中，语部奏古词，伴之宿弥、佐伯之宿弥率美浓、丹波、丹后、但马、因幡、出云、淡路之语部十数人，参与古词演奏。然而，所谓“古词”究竟为何物，文中却全无相关文字。藤原公任所著《北山抄》一书中描述语部之奏“其音似祝又涉歌声”，貌似歌谣带节奏而吟唱之物。《北山抄》之头注（丹鹤丛书本）写道：“语部奏古词，其声如祝词，赐松明读之。”可见当时语部之奏并非古词古传之背诵，而是朗诵文字记录，只不过仍保存上古仪式之形式而已。

六十、有职

通晓古代典章制度、礼法之人，被称为“ゆうしょく”或“ゆうそく”，据伊势贞丈所著《安斋随笔》记载，一般所写之汉字“有职”乃“有识”之误笔，其本意为“有识之士”。通晓武家掌故者称为“武家有职家”，而精通朝廷典例者，被称为“公家故实家”。

六十一、法人

某次考试中，有一题考查法人定义，有考生答道：“法人即判事、检事[①]及律师。”虽为趣谈，但古代确有字面意义之“法人”。在十三世纪初之前，瑞典各地方议会（Landesting）必有一“法之人”（Laghman，Laghmandr）。无独有偶，挪威各地亦有“法之人”（Lögmen，Lögmadr）。此“法之人”最初从广大人民中选举出适任者，但由于习俗、仪式、法规之记忆涉及权利与利益，久而久之，记忆者便只传子孙，逐渐世袭化，因此瑞典、挪威的“法之人”选举发展至中期便废止，“法之人”全部来自记忆者世袭家族。随后“法之人”便演变为可称作“记忆官”的世袭官吏，其任务便是在民会中朗诵“法之语”（Laghsaga），为审判、处分进行法律陈述。

① 判事：日本法官官名之一，泛指普通法官。检事：日本检察官的旧称。——译注

六十二、法之活声

在尚无成文法之古代，冰岛曾有“法言师”（Lögsägumadr）一职，记忆所有国法。冰岛乃北海一四面环海之孤岛，在其移民初期，各移民者组成为数众多的独立部落。根据当时北方民族之一般习俗，各部落皆有由自由民构成之民会（Thing），议定部落之公共事务，然而却尚未能设立全岛统一的政治机关。自移民后，经五十年左右，有一酋长名乌尔夫约特（Ulfljot），英明果敢，力图统一全岛，游说各部落成立总民会（Althing），并且亲自远渡挪威，调查总民会法规，归国后，于公元930年召开第一次总民会，之后固定于每年6月下旬开会。总民会议定全体岛民利益相关之事件，其中审判事务占据重要部分，故总民会所有议员中，共有147名“法律部员”（Lögrétta）处理该事务，从中选举一名精通惯例法规者任部长，此部长即“法言师”。“法言师”熟记冰岛法律，三年任期内，须在总民会高声诵念法律，尤其诉讼手续之法则需要人民熟知，定例每年重复诵读。此外，“法言师”有责任回答公众关于法律之疑问。冰岛至今仍有一山丘称作“法山”（Lögberg），传言乃昔日“法言师”登顶背诵法规之遗迹。“法言师”，即“法之活声”（viva vox juris civilis）。“法言师”表象上既非法官亦非立法者，然其宣读法律以解决事件，故有法官之实，更会应时代之要求，以旧法之名行新法之实，因此亦可称其为事实上之立法者。

六十三、比喻诙谐式法谚

在法律依靠记忆传承之时代，法规常以比喻诙谐的简短谚语形式出现。例如，德国古法规定，妇人财产婚后悉数归丈夫所有，妻则无产，其法规如下：

Eine Frau hat waehrend der Ehe Nichts als den blauen Himmel und den Spinrocken.

婚后妻子除星空与纺纱竿外，不得拥有其他财产。

偷盗判处死刑之法规为：

Die Fishe sind nirgends besser als im Wasser, der Dieb als am Galgen, der Moench als im Kloster.

鱼栖水中，盗上绞台，僧居寺中。

Maeuse soll man fangen, Dieb soll man hangen.

鼠当捕，盗当绞。

六十四、德国法谚集

德国之法谚合集自十五世纪以来大量出现（参见《法窗夜话》第一百话）。其中集大成者，乃爱姆洛克（Eimrock）之法谚集，收录一万两千三百九十六句法谚，而最精选者，当推艾多拉德·格拉夫（Eduard Graf）与马赛厄斯·迪特赫尔（Mathias Dietherr）所著之《德国法谚集》。慕尼黑大学于 1857 年悬赏募招法谚后编纂成此书，募招论文课题必须为十三、十四世纪德国法谚之汇集、分类，并附以简明解说。应募论文中有两篇脱颖而出，其提交者为格拉夫与迪特赫尔。此二文被认可为在法律史上颇有益处，巴伐利亚之“帝国学士院”决定将此二者合并，编纂为《德国法谚集》，两位作者在布伦奇利（Johann Kaspar Bluntschli）与康纳德·莫勒（Konrad von Maurer）两大家之监督下协同编纂。国王马克西米利安二世（Maximilian Ⅱ）嘉奖此举，下赐学士院巨额编纂费。至 1864 年，此书编纂完成，由帝国学士院出版，上述《德国法谚集》问世，即“Deutsche Rechtsprichwoerter, von Eduard Graf und Mathias Dietherr”，全书共有三千六百九十八句法谚。

余从中择取代表者 30 条，将其分门别类，对句、反句、叠句、押韵等方式便于朗读并诵记。

（一）习俗之法律效力相关

Gute Gewohnheit, gutes Recht.

善习乃善法。

Boese Gewohnheiten machen kein Recht.

恶习不成法。

（二）旧法新法之效力关系相关

Gesetz muss Gesetz brechen.

以法破法。

Die Jungen verjagen die Alten.

新者逐旧者。

（三）法之人为效力相关

Ein Fremder bringt sein Recht mit sich.

外人携其法而来。

（四）法之地方效力相关

Stadtrecht bricht Landrecht, Landrecht bricht Gemeinrecht.

市法破国法，国法破通法。

(五)婚姻相关

Ist der Finger beringt, so ist die Jungfrau bedingt.

指环一带，婚姻即定。

Man und Weid, ist Ein Leib.

夫妇一体。

Der hat das Weib, der es kauft.

妇人为买者之妻。

Heirath ins Blut, thut selten Gut.

血族婚，幸福少。

(六)继承相关

Sterben macht Erben.

有死则有嗣。

Der maechste am Blut, der naechste am Gut.

血统最近者，财产最近者。

Wo kein Schwert vorhanden, da erbt die Spindel.

无剑时，纺锤继承。

Wo kein Hahn ist, da kraeht die Henne.

若无雄鸡，则牝鸡报时。

（七）契约相关

Ein Mann, ein Wort.

一人一言。

Mannes Wort ist Mannes Ehre.

男子之言语，男子之名誉。

Zins kann nicht Zins tragen.

利息不负利息。

Kauf bricht Miethe.

买卖破租赁。

Miethe bricht Kauf.

租赁破买卖。

（八）损害赔偿相关

Wer Schaden thut, muss Schaden bessern.

害人者不可不偿。

Was man nicht kann meiden, muss man ruhig leiden.

不可避者，不可不忍。

（九）刑法相关

Gedanken sind zollfrei.

思想不课税。

Hehler sind Stehler.

庇盗人者，亦为盗人。

Leib fuer Leib, Glied fuer Glied.

体以体偿，肢以肢偿。

Haupt um Haupt, Hand um Hand, Zahn um Zahn, Fuss um Fuss.

首偿首，手偿手，齿偿齿，足偿足。

（十）审判相关

Der Richter sitz an Gottes Statt.

法官坐神位。

Wo Gericht ist, da ist Friede.

法庭在，和平在。

Wer Etwas sagt, muss es beweisen.

述者不可证。

Ein Mann, kein Mann.

一人等于无人。

Sehen geht ueber Hoeren.

所见优于所闻。

六十五、剑与纺锤，从头到爪

上文法谚中可见“Schwert”（剑）与“Spindel”（纺锤）二词，德国古法以此二物比喻男女。男系亲属被称为“剑亲”（Schwertmagen）或“枪亲”（Speermagen），而女系亲属则被称为“纺锤亲”（Spindelmagen）或“捻纱竿亲”（Kunkelmagen）。其他民族一般以树木枝干比拟亲属关系，而日耳曼民族则以人体作喻，如用身体、四肢、关节等词表亲之远近。亲属等级以“Knie”（膝）或“Glied”（肢）来表示，父母为第一膝或第一肢，祖父母为第二膝或第二肢。“Knie”（膝）原本指代子女，源自双亲将子女置于膝上之举动，德语中“收养孩子”一词字面意义为“置于膝上”（Kniesstzen）。如今仍在使用的“Enkel”（孙），原意为脚踝，大概取其距离子女之代表——膝有一关节距离之意。而最疏远之亲属，则以手足之极端示之，称作“爪亲”

（Nagelmagen）。《萨克森明镜》法典（Sachsenspiegel）中亦记载，以“头”表示夫妻，“颈”表示子女及兄弟姐妹，“肩”或“腕”表示表亲，以上为第一级亲属，第二级亲属为“肘”（Ellenbogen），第三级亲属为“手”（Hand），第四级亲属为“中指第一节”（Das erste Glied des mittlest Gingers），第五级亲属为“第二节”，第六级为“第三节”，以此类推，亲属关系越疏，离头部越远，至最远之第七级亲属，则以“爪”（Nagel）表示，称作“爪亲”。

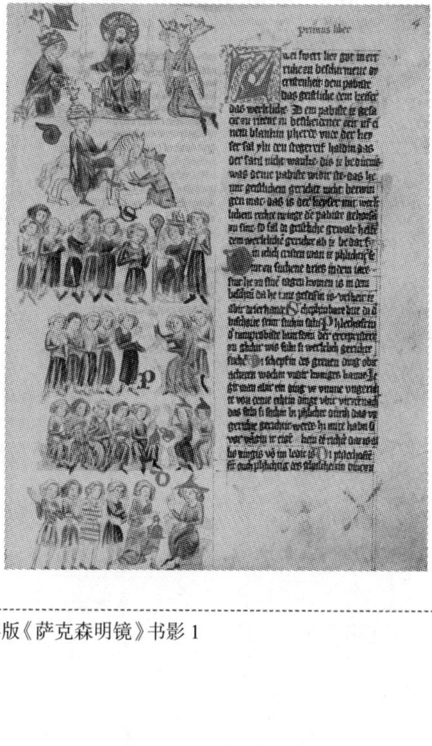

1902年版《萨克森明镜》书影1

1902 年版《萨克森明镜》书影 2

六十六、诗文法律

古代法律中不乏富有韵律之诗歌体，远近闻名的罗马《十二表法》(Lex XII Tabularum)便是代表。例如，第一表之首乃“法庭传唤”相关条文：

Si in jus vocat, ito.
Ni it antestamino,
Igitur em capito.

法庭传唤时，必去。若违令，唤证人，并逮捕违令者。

三句原文韵脚皆押于“o”。第三表“负债者拘留”之第四条规定：

Si volet suo vivito.

Ni suo vivit,

Qui eum vincutum habebit,

Libras farris endo dies dato.

Si volet plus dato.

食物须自备。若无自备，拘留者每日须得一磅面包。可随意多给。

原文连句或隔句押韵在“to”与“it”上。

六十七、图解法律

《信纲记》中有一篇《图解法律》(参见《法窗夜话》第十九话),乃"智慧伊豆"松平信纲之逸事。家纲将军执政的明历三年(1657年),江户发生百年不遇之火灾,死者多达十万八千余人,此后政府严格控制火种。伊豆守宅中亦严禁于哨所内吸烟,然而某日,仓库当班用鲍壳窃引火种,躲匿哨所内吸烟,不慎烧焦草垫一角。目击者将其告知伊豆守,信纲怒火三丈,将此人即刻问斩。尔后其再三思量,忆及有一潜伏基督教之眼线,名右卫门作者,工油画,遂命其作画,将盗明火、偷吸烟、烧草垫、被问斩等事绘于板上,置于府邸人流密集处,令众人观之。刑罚之像逼真,观者无不悚然,尔后犯禁者绝迹。

六十八、不知法，不免责

“Ignorantia juris non excusat”，意为“不知法，不免责”，乃一现代法律格言。法律一旦成立，便视为民众皆知，不能以不知法为由而逃避义务、责任甚至刑罚。

然而，“国民皆知法”毕竟是法律政策上必要之假设，事实则恰恰相反。国民中年幼者、精神病患等为不知法人群，特将其排除在此原则适用范围之外，然而，精神无异常之成年人中亦有文盲，或者长期侨居海外之归国者，亦不知晓此期间国内公布之法令。纵然是受过教育、识得文字、理解法令之人，如今所面对的不再是古代“约法三章”或“十二表法”，而是成千上万条现代国家法规，终究无法悉数知晓，略懂日常生活或职业相关法规已是极限。甚至于法律专家，即法学家、法官、律师等，亦无法背诵全部国法，不过是拥有通过法律性质及作用相关之原则去解释法规、知晓其意义之能力。不如说“国民不知法”方才更接近事实。

尤其是近代国家法律愈发复杂烦琐，“国民皆知法”之假设越发明显，现代法律之真相，所谓“人人皆知”，最终演变为“人人皆有可能知晓”。有句格言：“当知及可得知，等同于知。”（Idem est scire aut scire debere aut potuisse），法律专家可以此聊以自慰。

然而，“不知法，不免责”之原则乃不得已之假设。倘若不知法便可免责，则狡诈之徒，甚至任何人皆可以此为借口，国法恐有无力之虞，因此，为维持法律效力，政策上必须禁止国民不知法。古人云：“不告而罚谓之虐。”然而事实上，法律不可能家喻户晓，诚如古人所言：不告而罚却又残酷。因此，不得已，只得以人民可能知晓之形式发布法令，视为已晓谕众庶，而人民实际是否得知，则任随人意。即我已尽告知义务，而汝尚不知则为汝之过，法律专家称其为人人“自负后果”（periculo suo；at his peril）。可谓法不可不知。

虽然现状未必理想，但以“公知”作为人民遵守法律义务之发生要件，以“公布”作为法律之成立要件，是在对国家共同生活产生充分自觉后方才出现之现象，终究是人类一大进步。低级文明下的民众几乎是无意识地继续着从祖先传袭下来的服从生活，所谓“不识不知，顺帝之则”。[①] 即

① 《诗·大雅·皇矣》：“不识不知，顺帝之则。”郑玄注释曰：“其为人不识古，不知今，顺天之法而行之者。”——译注

便在法律规范成形后，法乃“治民之具”，人民乃统治之被动客体，法律乃统治者支配民众之准则。因此，是否公示法以告民，完全随立法者之意，或是严格保密，除执政者、管辖官吏、特权阶级外不可为人所知，或是仅对官吏发布命令，又偶为方便职务执行将惯习先例编为文书交付。后者虽不公布告知人民，然亦不禁止人民知晓。最终，法律必须告知于民，以公布作为成文法成立之要件，即“法律非正式公布无效力”（Lex non valet nisi rite promulgata），并成为近代立法之一大原则。

六十九、约法

希伯来人最古老之法典，被称为《契约之书》(Book of the Covenant; pactum.)(《出埃及记》二十四章，七、八)。法为人神之间所结之契约，神明约定守护、赐福人类，而人类约定遵守神明指令。

中国如今亦有类似宪法之法典，称《约法》。称法为“约”，乃一古老说法。据《周礼》(卷三十六，司寇刑官之职)记载，有官称“司约”，“掌邦国及万民之约剂”。“约”乃“约束”，“剂”乃“券书”，故“约剂”本意为契约证书，后转意为“规则书”“规约书”。司约掌“六约”，即“神约”“民约”“地约”“功约”“器约”“挚约”。神约与祭司相关，即祭祀法；民约与租税、迁移等相关，即行政法；地约与田地、边境相关，即土地法；功约与赏典相关，即赏典法；器约与礼乐、吉凶、车服相关，即仪式法；挚约与玉帛、交际相关，即交际法。郑玄注解道："是六者，朝廷皆为之约剂，付司约掌之，而属于秋官焉。先为之约剂，使人知所守，而有不如其约者，则考其券书以治之。亦犹后世之格式也。"

史上有诸多著名史实，汉高祖入咸阳时，与秦之父老约法三章，唐高祖入京师，亦与民约法十二条（《唐书》高祖本纪）。鲍叔牙向齐桓公举荐管仲，曰："制礼约法于四方，臣弗如也。"此处现"约法"一词，与上文"Covenant""pactum"同义，用于立新法以示民之场合。太宰春台于《经济录》卷八（1729年）中有如下论述：

> 经营国家有约法。所谓约法，约者，约束之意也，立法上下相约而守，称为约法。汉高祖破秦入咸阳之初，知咸阳之民困穷于秦之苛法，召集咸阳父老，舍今迄之法，为向后约新法三章。（中略）是约法之祖也。约者，誓约之意也，与民相约，此法永不变改。（中略）凡法难立，皆上犯之故也。若上能守法，则下民慎而无犯者。是约法之利也。末世之治，无善于此者。夫守法乃以上守为美，上若不守，则下决不守之。上下共守，其法永垂，无犯者。是为约法。

七十、木铎

报刊常以“木铎”一词用于警醒民众，“木铎”原为夏殷周时代召集民众宣布法令之大铃。《尚书·胤征》中书：“每岁孟春，遒人以木铎徇于路。官师相规，工执艺事以谏，其或不恭，邦有常刑。”其《集传》中加以说明：“遒人，宣令之官，木铎，金口木舌，施政教时，振以警众也。”“遒”与“聚”同。《周礼》卷三天官小宰之职之文中写道：“正岁，帅治官之属，而观治象之法，徇以木铎，曰：不用法者，国有常刑。”同书卷二、卷三十四中亦有相同记载。

七十一、德川幕府之法典朗读式

《禁中公家诸法度》与《武家诸法度》乃德川幕府对公家及武家[①]颁布之基本法典，以朗读式颁布。庆长二十年（1615年）七月七日，秀忠将军于伏见城见诸大名，颁布《武家诸法度》十三条，此法度乃前将军家康命金地院崇传等编纂而成，当时由崇传长老朗读之。同月十七日，秀忠将军与前将军家康同席，于二条城召见诸公卿，发布《禁中公家诸法度》十七条，朗读人为武家传奏[②]广桥兼胜。《武家诸法度》初次宣读于庆长二十年，尔后至幕府末期，除第七代与第十五代将军外，各代将军就职后，命大小名登城晋谒以听

① 公家：朝廷、官府。武家：武士家族，镰仓时代以后，幕府、将军家族及其下属大名的总称。——译注

② 武家传奏：日本室町、江户时代向天皇传奏幕府奏折的朝廷官职，是联系朝廷与幕府之间的要职。——译注

法度宣布，前后共十三回，每回宣布皆采用朗读式，宽永以后，林家专任朗读人。

《国朝旧章录》卷三载有宽文三年（1663 年）林春齐之记事，详细记录当时武家诸法度朗读之详情。据记载，宽永十二年家光将军颁布《武家诸法度》，于大广间[①]召集诸大名，宣上意后，林道春“高声诵读”。宽文三年，四代将军家纲颁布《武家诸法度》，此法度由当时任老中[②]之保科正之等人评议，林春齐参与评议后起草，春齐详细记叙起草相关评议之过程后，将当日情形描述如下：

> 二十三日（宽文三年五月），诸大名以下一万石以上者，悉数登城晋谒。巳刻，三老及大和、但马登坐御座之间次，呼春齐读清稿。之后，肥后（保科正之）、式部（松平忠次）、三老（雅乐头[③]酒井忠清、丰后守阿部忠秋、美浓守稻叶正则）至御前，大和、但马奉旨，携春齐出，大和、但马退。依三老指示，春齐至上座中央，诵读法度。将军追加三条（公家与武家之结婚、禁止基督教、处罚不孝者），

① 大广间：江户城内举行仪式时各地大名集会的大厅。——译注

② 老中：日本德川幕府的官职之一，辅佐将军、总理全部政务的最高官员。——译注

③ 雅乐头：雅乐寮的最高官职，雅乐寮是古代日本乐舞的教育机构，在律令制下归属治部省。——译注

春齐退。其后，甲府、馆林两宰相至御前，稍后退出。纪、尾、水三卿至御前，贺御法度之事，其后退出。

于是，将军前往大广间，坐中央御垫之上。肥后守、式部大辅、雅乐头，坐其下伺候。松平赞岐守、井伊玄蕃头坐下之侧伺候。丰后守、美浓守奉旨召集诸大名，越后中将、加贺中将(侍从以上诸侯之名略)，以及四品诸大夫、一万石以上大名之子(四品以上者)共两百人，列坐于大广间之下首。一万石以上旗本[①]坐外廊伺候，一万石以下列席者共约五六百人。

诸大名依旨进殿内中央，垂首而坐。上曰："吾家代代依惯例颁布条目，不违先例，却有追加，汝等听之。"众人稽首伏拜。肥后守、式部大辅、雅乐头致贺词。后各人入座。赞岐守、玄蕃守、丰后守、美浓守亦升殿，坐于下段。呼春齐坐于将军之侧，丰后守将条目清稿交与春齐。春齐披之，高捧读之，其声殿中回响。众皆敬听，读毕高唱御印时，众人伏拜。平身时，越前少将宣御旨，春齐交清稿于丰后守而退。雅乐头述御旨，口谕禁止

① 旗本：日本直属将军的武士，有拜谒将军的资格。——译注

殉死之事。众畏而退出。三老行至御前,述始末。
伺候之辈贺而退出。

七十二、阿伊努之“谒见礼”

德川幕府之法典朗读式，对象乃诸大名，终究仅为一仪式，而对目不识丁之民众颁布法令，则需要朗读公布式。尤其一国之内有数个民族，统治者与被治者语言相异，则民之部分不仅无法阅读法律文字，连法律所用语言亦不解，此时便需要附带翻译之法令朗读。德川幕府时代在虾夷地[①]曾执行过的“谒见礼”（オムシヤ），便是最著名之实例。大内余庵之《东虾夷夜话》、松浦武四郎之《东虾夷日志》、开拓使出版之《虾夷风俗汇纂》中皆有详记，现记叙其大体内容。

谒见礼（オムシヤ），从东西虾夷各岛至北方萨哈林岛，一年举行一次。春夏渔业事毕后，定下日期，于町会所前召

① 虾夷地：古代日本虾夷人曾居住的区域，室町时代以后明治时代之前，指北海道以及现在总体属于俄罗斯的千岛群岛、库页岛。——译注

集众土人,[①] 总村吏、副村吏、勤杂工、礼品使节等当地官员及众土人依序列席,其后为妇女儿童。玄关铺上垫子、拉上幕布,侧方叠放米、酒、烟草等物。官员宣读法规,翻译官于一旁译为阿伊努语。法令起首之文如下:

> 一、尊重公仪,坚守御制榜文及御法。(译语略)
>
> 二、虾夷人居住之场所范围内,遵循婚姻惯例,不宜有年岁不相称者。今后其他场所可随意缔结婚姻,当地官员应致力于无男女单身者,令土地繁昌。

法令之朗读如上,每条皆附有译语。最后结语为:“上述诸条,土人当领会之,子子孙孙不可遗忘。”(译语略)法令宣告之后,众人入宴席,上席之官员举杯,顺次从部下至总村吏以下各当地官员。翻译官将米、酒、烟草作为礼品赏赐众人,宣告仪式结束,之后便是全体土人之酒宴,至酒酣,妇女围圈拍手舞蹈。其后数日,家家设宴,饮酒作乐,仿若内地新年。

---

① 土人:日本明治时代以后用来称呼阿伊努等北方土著民族的用语。——译注

七十三、印度阿育王之石柱法

古人常刻法律于金石之上，以示法律永久不变。中国古代将法刻于钟或鼎上，晋代杜预与贾充等人注解法令，并在奏请之文中写道："古之刑书，铭之钟鼎，铸之金石，所以远塞异端，使无淫巧也。"西洋古代法典中赫赫有名之汉谟拉比法典及格尔蒂石壁法便是雕刻法，《法窗夜话》亦已详述（第四十二话、第四十三话）。而在东洋，印度阿育王有石柱法与岩石法。公元前 269 年，阿育王继承祖父旃陀罗笈多（Sandrakoptos）开创之帝国，征服如今奥里萨[1]及孟加拉地区，扩张领土，尊佛教为国教，依据佛教立法，乃一锐意图治之英主。阿育王颁布之基本法，是以当时印度北部通行之巴利语于石柱及岩壁上雕刻而成。阿育王之石柱法及岩

① 奥里萨：现今是印度东部海岸的一个小邦。——译注

石法据传有六万四千个，现今存者却寥寥无几。现存于德里的石柱之一，高约十二点八米。阿育王之石柱法在印度雕刻中最为古老，雕刻精巧无比，法令刻于高大石柱上，柱头上有浮雕石盖，盖上置有动物等象征物。

阿育王之石柱法

七十四、高札

武家时代向一般民众直接公示法律之方法，便是“布告板”，日文写作“高札”。永正五年（1508 年）八月七日，建武以来追加之“撰钱事”中写道：“禁止买卖恶钱，[①] 御法已定，于洛中高札公示，此布。”

“高札”日文发音为“こうさつ”或“たかふだ”，时而被称作“挂札”，其结文常用“仍下知如件”一句，故亦被称为“下知札”，又因其外形巨大，别称“大札”。公布禁制之高札，称作“制札”。《平治物语》中有一句：“立起一块写有镰田正家之制札。”制札中最为简单者，便是立于神社鸟居前之物，上写有“下马”或“下车”字样，此物被称为“下马札”。

① 恶钱：劣币，或者不正之财。——译注

高札通常使用木质坚固、利于保存之厚板，如扁柏。原则上使用竖板，规定条目多时则改为横板。

高札之目的，是尽量使百姓周知布告之法，因此竖立之场地，必须选择人流密集之处，或者法令特别相关之地。城市中央四通八达之巷道、桥头、城镇出入口、街道岔口、关卡、码头、港口等处，常被选为“御高札场”。如今本邦仍留有“札辻”等相关地名。

德川时代，京都中央的“御高札场”便设于三条大桥西端北侧，《都名所图绘》作者曾如此描述此桥：“行人无论贵贱，常驻足桥上，观赏皇州繁华。”江户的“大御高札场”共六处，分别为日本桥、浅草桥、常盘桥、芝车町、筋违桥、曲町，而其余“御高札场”共三十六处。其中位于江户中心的日本桥南端西侧之高札最为重要。

日本桥御高札场 1（浮世绘）

日本桥御高札场2(浮世绘)

七十五、天和高札

江户时代之高札，自庆长、元和以来，便为公布种种事项而设立。延宝二年（1674 年）二月，高札数已完备至五块，而最为闻名之高札，乃天和二年（1682 年）五月设立于诸国的五块高札，以及正德六年（1716 年）五月修正增补之高札。而正德高札除驿站、人马、工酬规定外，其余内容皆公示至明治维新初期。

天和五块高札之第一札由七条法令构成，且教令与禁令合并，因极具古代法律特色，故全文记录如下：

一、奖励忠孝，夫妇兄弟及诸亲属，皆应和睦，亦须怜悯奴仆，若有不忠不孝者，应判重罪。

二、万事不可奢侈，房屋、衣物、饮食皆应节俭。

三、不可以恶意、谎言、逼迫、利欲迫害他人，应勤于家业。

四、有盗贼并恶党，应立即报官，必有赏。

附、严禁赌博。

五、严禁喧哗口角，发生口角时，不可擅自参与其中，又，不可藏匿负伤者。

六、有处死刑者时，除受命者，余者不可围观。

七、严禁买卖人身，下人无论男女，雇佣应以十年为限，过十年者判罪。

附、世袭家仆，又长居家中之仆，若去往他处，则令其妻与子相随，且若无罪不可唤回。

上述各条应严守之，违背者应判重罪，此布。

天和二年五月　日　奉行

第二札乃赫赫有名之禁止基督教之高札。

第三札共七条，禁止买卖毒药、假药，禁止买卖赝品金银，禁止私铸新钱，禁止贩卖新作的盗版书籍，禁止买断、禁止联合哄抬租金、禁止结党营私。

第四札乃驿传制，规定运费、人力费等，此项规则随物价变动，其后常有变改。

第五札乃三条火灾现场管控规则。至正德年间，第五札增补至七条。

上述高札条文之数，大抵皆为奇数，难免引人注意。《和简礼经》中写道，书三条乃禁制之定法，“但附书另当别论”。《简礼记》中亦有载，“条数以三为本”，若不得已需要增加条文，则仅限奇数，如五条或七条。仅用奇数之理由并未明确，或许是效仿约法三章之典故，但根据《十七宪法》及《御成败式目》五十一条之注释者所言，精通掌管之人或因效法天、地、人三才，或采纳阴阳说，奇数乃阴，阴可生阳，便定出条文奇数之制。例如，上述天和高札第四条，在盗贼报官条目中附加禁止赌博，看似不相关，实则为防止将其独立，使全文成八条之偶数，故利用上述“但附书另当别论”之规定，使其成附加条目，令全文维持七条之奇数。起草者之用心，可见一斑。正德元年（1711年）高札中，为增补铁炮相关禁令，并防止成为偶数八条，便将赌博禁令独立成一条，最终全文成九条之奇数。

日本近世的高札 1

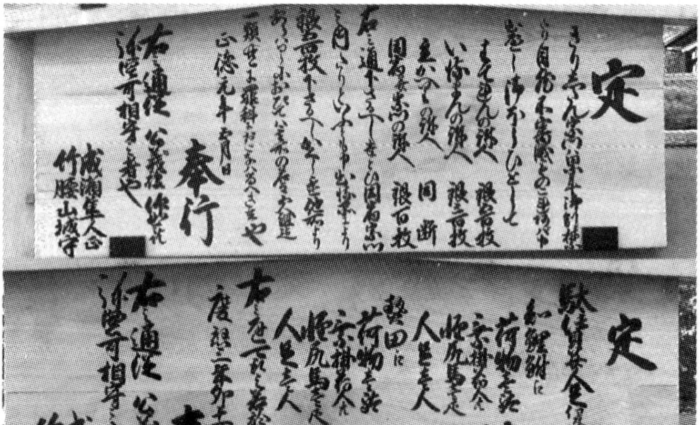

日本近世的高札 2

七十六、作左责罚

高札及制札主要面向文字理解力薄弱之普通民众，故其文字用词皆平易通俗。《书礼秘训抄》就禁制之书写有如下说明："应以假名书写，以便人人可读。"《建武以来追加》中记载应安二年（1369 年）禁制，便是其中一例。因多为假名，今日读来，颇有难解之处，然而当时却极易诵读。其文如下：

禁制

一、俗人ノ法師トナリ、同カサヲキル事、付、法師ノ、ボウシニテ面ヲカラス事。

二、バクエキノ事、付、スグ六。

三、ヤグヲコボチウル事、付、車イゲ商売四条町ノ立ウリ。

四、セイガウノ大口、ヲリモンノ小袖、クラ具足ノ金銀ノタグヒ、色カワノシタウヅ用事。

五、中間凡下輩、ヱボジノカケ、キヌゴシ、ヒタタレノキヌウラ、同大口、刀ノカララギ金銀、但メヌキヲ除事。

右条々カタク可被止也、若違犯ノ事アラバ、可処罪科之状、依仰下知如件。

応安二年二月二七日

左馬助源朝臣判

关于高札中汉字假名混杂之书写,《武野烛谈》中记载一则本多作左卫门重次之轶事,主人公便是被誉为鬼才之作左,曾在战场修家书一封,因简短而闻名:"敬启,防火、护儿、喂马。"鬼才之轶事,故更显有趣。

本多作左卫门乃一善知下情之人。三州壁书之条虽已定,然百姓一向不听从,作左与众人商议对策,作左曰:百姓连假名亦识不全,若以艰深古言制高札,更不知所云,虽有教示,却放任不管,莫若以假名书之,并添附"违令者作左必责罚"一句,国中必无违令者。

七十七、明治高札

明治维新之改革中，法律之第一改革，便是庆应四年（1868 年）三月，悉数撤去诸国自有之高札，更改为“定”三札、“觉”二札，共五札，公示于诸高札场。定札记录固定不变之大法，觉札则发布应时之命令。此五札如下所示：

（第一札）定

·为人应正五伦之道。

·应怜悯鳏寡孤独残疾之人。

·不可行杀人放火偷盗等恶事。

庆应四年三月

太政官

（第二札）定

无论何事，若企图纠集众人示威，或离开自住町村，则视为逃散，[1]严加禁止。若发现上述行为者，应尽早报官，必有赏。

庆应四年三月

太政官

（第三札）定

·严禁基督邪教，若有嫌疑者，应尽早报官，必有赏。

庆应四年三月

太政官

（第四札）觉

现王政一新，遵朝廷之御条规，与外国交际，诸事以万国之公法履行，在此告知全国人民，当谨奉上旨，不得违背。此后若有滥杀外国人或行不当之举者，不仅违背朝命、酿成国难，更于交际各国前有失皇国之威信，甚为无理，当随罪之轻重判刑，士者削其士籍，处相当典刑。特此布告，应谨奉朝命，不作暴行。

三月

太政官

① 逃散：日本中世和近世的农民为躲避年供和徭役而采取的抵抗形式，丢弃土地流入都市或逃到别的领地。——译注

（第五札）觉

王政一新，天下平定，万民安堵，诸民各得其所。御上所烦虑，此时天下流浪者未尽，自然窥伺今日之形势，士民皆擅自意欲逃离本国，须严加禁止。万一有判逃者，则视为犯罪，主谋必受刑罚。此时节无论上下，皆可为皇国、为君主建言，广开言路，以公正之心尽其趣旨，亦可向太政官申述。今后所有士族佣工与农商族佣工被雇佣时，须严查其出处，若雇佣叛逃者，视为犯罪，其主人须受刑罚。

三月

太政官

上述高札中，第五觉书于明治四年十月撤除，明治六年二月二十四日太政官向各府县布告："以往高札之准则，民皆熟知，今后撤除之。"就此，其余四块高札亦被悉数撤除。

第二札正文中出现"てうさん"一词，据《俚言集览》中记载："（中山道武州蕨宿[1]制札安西氏领所）村民离开自住村町，则视为逃散（てうさん），告发者可获银百枚。"《御

① 中山道：也称"中仙道"，日本古时五条大道之一，由江户板桥到近江守山共有67个驿站。武州：武藏国的别称。蕨宿：中山道上第二个驿站。——译注

成败式目》中则直接写成“逃散”，第四十二条标题为“百姓逃散”，本文中出现“诸国住民逃脱”文字。相关详情可参见植木直一郎博士之《御成败式目研究》第 230 页。

日本近世高札场遗址 1

日本近世高札场遗址 2

日本近世高札场遗址 3

七十八、基督邪教

明治维新时期之第三块高札内容正是基督教禁令，而此禁令乃德川时代之延续，上述天和二年第二块高札便有如下内容：

定

基督教乃历年所禁，若发现信教者，应及时报官，必有赏。

传教士之告发人：银五百枚

修士之告发人：银三百枚

复教者之告发人：银三百枚

教徒之告发人：银一百枚

赏赐如上。

教徒之告发人，可依据教徒之数，赏银五百

枚。若有藏匿者，其地之领主并五人组皆判罪，此布。

天和二年五月　日

奉行

天和高札之文，与宽文四年及延宝二年相比，仅更改赏金数额，正德元年之高札亦为同文。

然而，维新时期之高札中，“基督邪教”一词却意外引发外交问题，某国公使强烈抗议将基督教称为邪教。政府当局费尽心思辩解，该词并非“基督教乃邪教”之意，而是“基督教与邪教”，且于闰四月四日以布告形式，下令将最初之高札日期不变全文改写。

前日颁布之布告，基督教乃历年严禁之宗教，此外亦严禁邪教，今仍有混淆误会者，故如附页所示，立即更改制札。

（附页）

一、基督教早已禁止，应严守。

二、严禁邪教。

庆应四年三月

太政官

上述布告之苦心惨淡与废除告发悬赏实在引人注目。而上文提及之明治六年的诸高札撤除，听闻亦与基督教禁制高札此后不断招致抗议与误解有关。

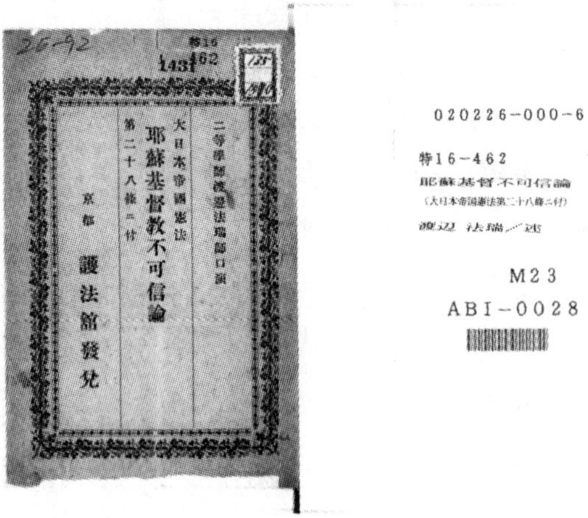

明治时代排斥基督教的著作

中世纪日本基督徒受刑图

七十九、西洋人之高札观

西洋人撰写之日本历史书籍中，最古老者，当为肯普弗（Engelbert Kaempfer）的《日本史》（1727 年版），记载了作者从 1690 年至 1692 年（元禄三年至元禄五年）之日本纪行。文中数处详细描述高札之形状、揭示之场所、法令之内容等，并展示高札之图。书中第六附录《锁国利害论》中有如下评论，颇有趣味。

> 余于此国旅行时，每见路旁设一场所，专立高札，或公布国法，或书皇帝（将军）之命以告万民，法令之简约，令余不禁叹赏。其法令言简意赅，仅记录臣民当为或当避之事项，并不明示此法令之由来或理由，亦无明记违法制裁之确切刑罚。法令如此简约，乃与强大的君主权威相称。议论君

命之可否乃大逆之罪，故法令之理由仅发布此法之君主自知便足矣。

八十、法令告示

上文七十七话中引用高札撤除之布告，即明治六年二月二十四日太政官布告第六十八号，写明今后以告示代替高札，“今后每发布告，为人民熟知，应于便利之地告示三十日”。因“便利之地”不知何意，故同年三月五日，司法省发布第二十七号令：

> 关于太政官第六十八号布告，今后太政官布告及诸省通告，皆公布于地方裁判所门前及户籍长[①]宅前，未设裁判所之地方，则公布于县厅门前及户籍长宅前，布告、通告不可遗漏文字。

① 户籍长：日本明治初期，为管理户籍而设的区长。——译注

其次，三十日之公布期间究竟从何时开始起算亦是问题。原则为布告抵达各府县之日起算，因此必须事先预测诸法令需几日抵达各府县。同年六月十四日太政官第二百十三号训令根据自东京至各府县的里程与交通难易度，规定布告到达之日数，“抵达各府县后公示三十日，此后即视为民已周知”。上述到达之日数，取与如今同名之府县作例，东京府为翌日，神奈川县为三日，埼玉县、栃木县为四日，茨城县、群马县、静冈县、山梨县为五日，三重县、爱知县、岐阜县、长野县、福岛县为六日，兵库县、奈良县、滋贺县、宫城县、山形县、京都府、大阪府为八日，和歌山县为九日，岩手县、秋田县、石川县、冈山县为十日，新潟县、鸟取县、广岛县为十一日，青森县、岛根县、爱媛县、高知县为十二日，长崎县、山口县、福冈县、佐贺县为十四日，大分县为十五日，鹿儿岛县为十七日，宫崎县为二十一日。

当时明治政府行锐意新政，更新一切制度，因此全民皆知的布告通告层出不穷，其中公文页数高达数十百张者不在少数，甚至可成卷册，故书写告示颇有难度，而且仅靠张贴于告示场，无法达到法令周知之目的。京都府、山梨县、岛根县等多地曾提议，是否可仅抄录、公示要旨，或每户传阅，然而太政官于同年六月十三日发布第二百零四号训令，下令“虽为卷册，亦应尽数告示，不可违反”。滨松县于同年六月二十日附文提议，“无场所告示长篇布告文，可否付梓令百姓传阅”。政府回文:“不可废除公示,但除公布品之外,敕撰文件及他人著书不妨付梓。”即印刷分发无妨,但公示不可废。

总之,当时府县当局对法令之公示传达相当用心良苦。明治六年六月二十三日,山梨县附文陈述:“本县通告之方法,先送一份至县厅区长处,区长抄写八十份,分送至八十区之区长处,区长亦分送至每村之户长处,户长再送至每户,其抄写之数总计九百五十三份,再加各村告示之数,几乎加倍。其中诸规则文书蝇头小字,竟可多达数十页,(中略)此时自然有迟缓之患,亦有抄写之误,甚至有厌劳而不肯分发之弊,故改革上述方法,诸通告皆付梓后颁发,然僻壤之所缺雕刻工,遍寻本县亦不过三四人,昼夜督责亦不能速成。”简言之,法令即便抵达府县,亦无法及时公示,故三十日告示期无法从抵达翌日起算。秋田县亦就领内公示期提出疑问,政府答复道:“告示抵达县厅后,抄写或活字印刷之时间、以及因各村远近之别产生之时差,皆不算入三十日之内。”此后,于翌年明治七年四月十四日发布太政官第四十八号训令:“此后一切布告通告,自抵达当地翌日至传示于管辖区内之日,抄写印刷之日数,定为二十日,期满之翌日起,过三十日后,视作民已周知。”

八十一、轮廓附

观明治初年之法令全书，可见号数、日期下有些附加“轮廓附”三字，而有些则无。此乃判断是否为重要法令之符号。明治六年十一月二十二日太政官第三百九十三号中写道：“印刷布告、通告时，今后必须永久遵守者附加轮廓，而临时遵守者无轮廓，此布。”至明治十六年，太政官第三十号训令废除此制度。

八十二、官报

上文第八十话中已有详述，法令之公布无法及时进行，因此明治十六年五月十日，太政官第二十二号训令规定，于太政官内设“文书局”，掌管官报编辑之事，凡诏书、布告、通告、训令、告示等诸法令以及赏勋叙任等，皆刊登于官报。而各官厅官署、官立学校、上长官[①]以上之武官、奏任官[②]以上之文官以及郡区长皆负有购读之义务，于邮政局向公众发售。五月二十三日，太政官第二十三号训令规定，官、省、院、厅之训令须正式刊登于官报，不再另外发行“训令书”与“告示书”。根据六月二十三日太政官第二十七号训令，明治十六年七月一日起，官报正式发行。与此同时，五

① 上长官：陆海军中佐官之称。——译注

② 奏任官：日本旧制度下的官吏身份等级，高等官吏中的三等以下官吏。——译注

月二十六日太政官第十七号布告颁布，布告、通告在各府县抵达日数后七日内执行，关于其抵达日数，同年五月二十六日太政官第十四号通告颁布，改正了上述明治六年之规定。其抵达日数，由于此十年间交通及邮政进步，自然比明治六年之规定缩短。例如，群马县由原先之五日缩减为即日，京都府、大阪府由八天减半为四天，宫崎县由二十一日减少至十一日。

明治十八年，政府废太政官而设内阁，“文书局”被废，新设“官报局”，掌管官报发行之事。明治十九年，敕令第一号中制定“公文式”，确立法律命令之官报发布制，即“法律”“敕令”“阁令”“省令”等皆以官报形式公布，除特殊规定施行日外，官报在各府县抵达日数后七日内执行，其抵达日数已由上述明治十六年第十四号通告规定，倘若因天灾事变致使官报无法于规定日数内抵达，则执行期从实际抵达之翌日起算。北海道、冲绳县并未规定官报抵达日数，从抵达道厅或县厅之翌日起算，各岛亦从官报抵达所辖郡官署之翌日起算。

明治三十一年法律第十号法例第一条规定，只要执行时期无特别规定，“从法律公布之日起，二十日内执行”。至明治四十年，敕令第六号公式令第十一条规定：“皇室令、敕令、阁令及省令除特殊执行时期外，自公布之日起，二十日内执行”。即以此废除上述明治十六年之制度。公式令第十二条写道："前数条公文以官报形式公布。"所谓"前数条公文"，即诏书、敕书、帝国宪法之修改、皇室典范之修改、皇室令、法律、敕令、国际条约、预算、预算外国库负担之契约、阁令以及省令，此公式令确定所有国法皆通过官报公布。

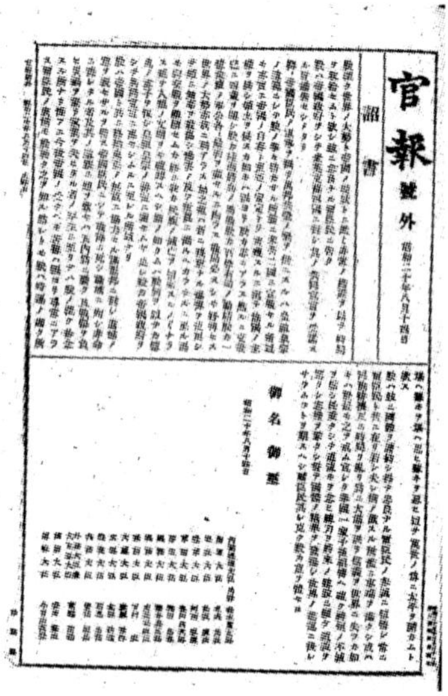

官報 號外 昭和二十年八月十四日

詔書

御名御璽

昭和时代的日本官报

八十三、北条泰时之法令条文平易化

镰仓幕府之执权者[①]北条泰时（1224–1242年在位）于贞永元年（1232年）制定之《御成败式目》，无论形式抑或实质，皆乃本邦立法史上一划时代产物。就其实质而言，不沿袭既成法典，而以当时实要为基础。此法典不仅面向幕府当局之诸官吏颁布，守护、[②]地头[③]等御家人[④]亦包含在内，使其知晓各自权限与义务，审判公平，无偏差，无非法无理

① 执权者：日本镰仓时代的政所（处理日常政务的机关）长官，为辅佐将军职，自北条时政担任该职掌握幕府实权后，一直由北条氏世袭。——译注

② 守护：日本官职名，管理军事和警察，从南北朝到室町时代，侵占国衙领和庄园，成为“守护大名”。——译注

③ 地头：日本镰仓、室町幕府所设官职名，负责逮捕盗贼、征收年贡及轮流守卫皇宫与将军府等，逐渐演变为当地领主，后成为守护家臣。——译注

④ 御家人：日本镰仓时代直属于将军的武士总称。——译注

之滥诉，且令人人熟知禁制，无误陷法网之事。

泰时制定《式目》后，立即送抄本一册至时任六波罗奉行之弟——骏河守重时，其中附贞永元年八月八日之书信。九月十一日再送一册，亦附一封书信。北条泰时两份“假名书信”乃声明式目立法者态度之文书，颇有趣味。首先关于式目制定之必要性，第一封信中写道：“诉讼之审判，纵然为同一趣旨之诉讼，立场强硬者可实现自我主张，而弱者则无暇顾及。为依当事者之强弱上下而有轻重之分，特制此式条。”倘若未明定公示禁制，则如入遍布陷阱之山，不自觉便掉落穴中。第二封信中又写道：“倘若不事先制定，便会忽视事之是非，仅看当事者之强弱，或者佯装忘记已审判完结，复又起诉。因此事常有，故事先制定审判规则，无论当事者身份高低，皆公平审判，为此余特详细记录。”

其次，就无沿袭既成法典一事，第二封书信中写道：“余此次制式目，人必责难以何为根据。余虽确无根据，然所写之物，皆从道理推出。”第一封书信中亦有类似说明：“总之，仆忠主，子孝亲，妻从夫，弃人心之曲，赏人心之直，为土民安堵，余制此式目。”关于法令条文不应难解而应平易一点，北条写道：“只识假名者，见汉字如目瞎，因世间只识假名者众多，故余作此式目，使人众知，（中略）令文盲之辈亦可事前思考，判决亦无变化不定。”

泰时不效仿既成法典，不拘泥于以往习俗，以通用文体书写式目，乃当时一大英断。然而京都朝廷起初皆崇尚难解之汉文，视通俗之邦文为粗鄙，为此泰时亦自觉多少受此责难，从第一封书信中便可得知："京内必定嘲笑一无知蛮人制一书，吾心惶恐，虽可笑，亦无奈。"此外，第二封书信中亦以此事结尾："都中若有责难之人，望弟能牢记此趣旨而应答。"

《御成败式目》版本一

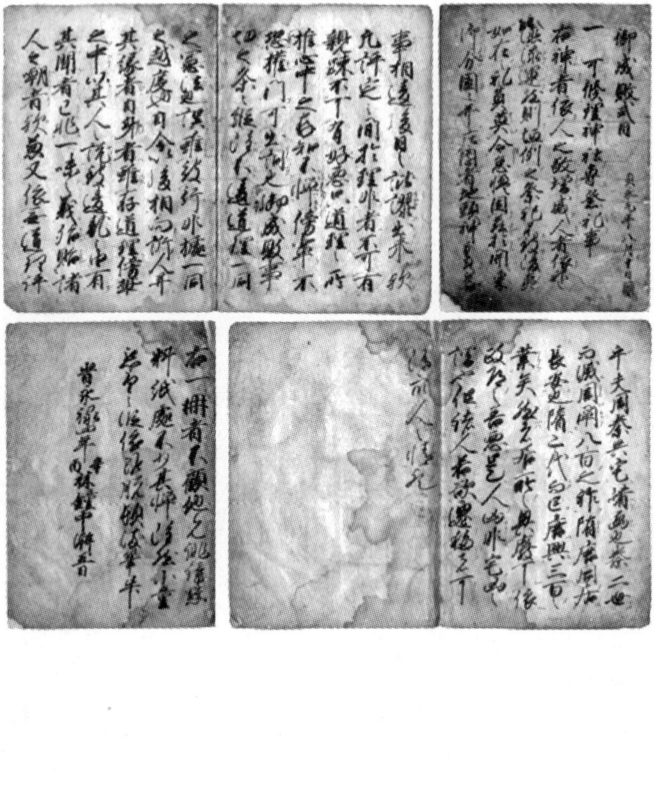

《御成败式目》版本二

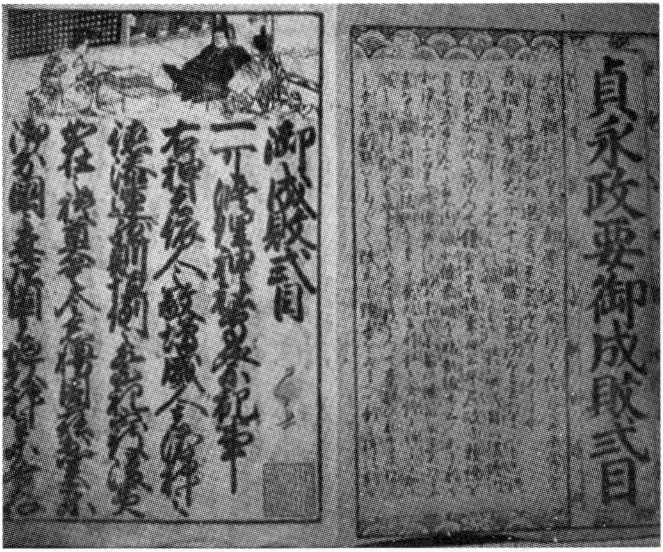

《御成败式目》版本三

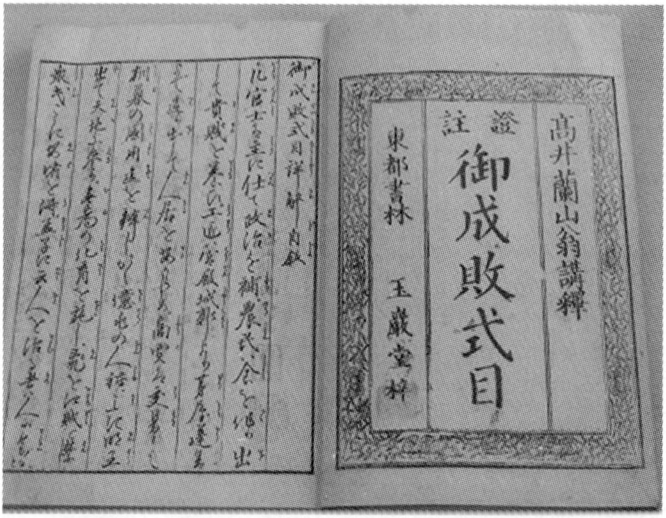

《御成敗式目》版本四

八十四、“第几条”与“第几号”

明治之后，本邦在法令中罗列大量条文时，方开始于各条前标记“第几条”。圣德太子之《十七条宪法》堪称本邦成文法之祖，以“一曰”“二曰”之语显示条文顺序，此后律令格式、《御成败式目》《公事方御定书》等大法典，皆于各条前书“一”字。然而，明治二年，军务官出《军律》，仅有五条条文，但每条前皆有序号，从“第一条”至“第五条”。传言此《军律》由时任军务官副知事之大村永敏（益次郎）起草，倘若属实，大村既为兵学者亦是兰学者，起草时或许参考了荷兰军律。因遵明治四年八月之上谕而于明治五年颁布的《海陆军刑律》共十编二百零四条，各条前记有序号。起草者为时任兵部大丞之西周博士，博士曾留学荷兰研习法律，自然效仿西洋法律之体裁。然而，《海陆军刑律》并不像现今法令般将“第几条”写于条文前，而是写于条文上一行。至明治六年的《改定律例》,“第几条”便书写于条文前,形成如今之体裁。此外,明治四年之前的法令皆无序号,明治五年一月后,各法令皆有“第几号”之序号。

大村永敏(1824–1869年)纪念铜像(东京靖国神社)

大村永敏(1824-1869年)遇难纪念碑(京都市)

八十五、德国国语运动

1885年，布伦瑞克博物馆馆长里格尔教授（Dr. Hermann Riegel）创立"普通德语协会"（Der allgemeine Deutsche Sprachverein），以"德语国语化"（Verdeutschung）及"国语纯化"（Sprachreinigung）为旗帜，发起"德国国语运动"（Die Deutsche Sprachbewegung）。里格尔教授主张，将以往惯用之外来语从所有公私使用中除去，同时将法令中外来语改为纯粹之德语亦是该运动之主要目标。当时德国正弘扬国运勃兴、爱国团结，该运动便乘此东风迅速发展，至1910年，"普通德语协会"举行创立二十五年纪念庆典时，国内外已有三百二十四个支部，成员约有三万五千人。

威廉二世（1888-1918年在位）被称为"新德国魂之模范体现"（Die vorbildliche Verkoerperung des neuen deutschen

Geistes)，自然赞同此运动。他于1888年即位后，立即废除宫廷宴会等上流社会以法文书写菜单之惯例，将其改为德语，且不用拉丁字母，而使用德语字母。此外，1888年11月2日发布之敕诏共九百五十二个词，其中外来语数仅为十一，而威廉一世诞辰百年庆典之敕诏虽为长文，却无一外来语。所谓“上之所好”，此举迅速由上至下普及，诸官厅之公文、报刊、教育、学术、技术、军事、商工业、社交用语，甚至料理菜单、戏剧节目、竞技术语等皆竞相排斥外来语，改用新定或新创之德语。

“国语运动”确实很出色，然而此运动开展得如火如荼之同时，亦时常出现些许脱轨事件。国语纯化之鼓吹者顿格尔(Hermann Dunger, *Die Deutsche Sprachbewegung*)及法律国语化论者京特(Guenther, *Recht und Sprache*)认为外来语乃毒害国家独立之病原，抨击其为“外语杆菌”(Fremdwort-Bazillus, Fremdwoerterbaccillus)，而“杆菌”一词明显带有外来色彩，委实有趣。而比斯之《与外来语抗争》(Pietsch, *Der Kampf gegen die Fremdwoetter*)中亦攻击商人为生意而使用外语，称其为“外语狂”(Fremdwortwahnsinn)。被称为“纯洁派”(Puristen)之国粹论者认为使用外语是“对祖国大逆不道”(Hochverrat Vaterlander)，即“国贼”。此外，各地组织“外语罚款团体”，对使用外语者进行罚款。相反亦有出现对使用国语者罚款之事件。1874 年之《帝国报纸法》规定，编辑应署名“Verantwortlicher Redakteur 某某”，而某报刊编辑乃一热心国语论者，认为“Redakteur”是外来语，故署名为“Verantwortlicher Schriftleiter 某某”。[①] 因此举违反报纸法，该编辑被检察院告发，处以罚金。然而此人屡教不改，多次被罚，遂演变为棘手问题，最终司法大臣接受德语协会会长之诉求，训令检察长，不书写“Redakteur”并不违法。

---

① “Verantwortlicher Redakteur”与“Verantwortlicher Schriftleiter”都是“责任编辑”的意思，但“Redakteur”是从法语借用而来，“Schriftleiter”则是德国本地语。——译注

八十六、法律术语之国语化

上文已有详述，法律术语之国语化乃德国国语运动之重要目标之一，温特沙伊德于国语运动兴起前二十年早已公开表态，其在 1862 年著作《潘德克顿法学》第一版序文中写道：

> 余之说明论述，一概尽力使用德语。关于文章用语，余无法赞同某些论者认为“近世法之叙述中袭用罗马法之术语不仅毫无弊害，反而有益”之论调。余坚信，真正罗马法之德国化，只要无夸张修辞癖，应使用德语。（Windscheid, *Pandekten*. Vorrede z. Ⅰ. Aufl.1862.）

之后“普通德语协会”成立，温特沙伊德率先加入，成为最热心之会员。

不难想象，温特沙伊德之态度对《德意志帝国民法典》文体的巨大影响。1874年，温特沙伊德被任命为民法典编纂委员，以其声名阅历，自然居众委员之首，几乎以一指导者身份参与第一草案之起草。起草委员首先决议，除非万不得已，法律用语皆采用纯粹德语，尽量避免外来语，纵然为数百年来惯用之术语，若为外来语，一律废弃，替换为新选定或新创之德语。连法典标题亦如此，如1877年之民事诉讼法，当时并不用“Ordnung des buergerlichen Verfahrens”，而保留“Zivilprozessordnung”一词，而在民法典草案中，则弃用“Zililgesetzbuch”，采用“Das buergerliche Gesetzbuch”。再举术语德语化之一二事例，如“Obligation”（债权债务）一词，可谓欧美通用之法律术语，然因其为外来语，便以“Recht der Schuldverhaeltnisse”代替。“Adoption”（养子）亦为传统之通用语，因其语源为拉丁语，亦遭弃用，而德语中又无可替代之词，便制一新词“Annahme an Kindes Statt”。德国民法如此诞生，得到国语纯化论者一致好评，当时普鲁士内阁出台之《执务章程纲领》中亦褒扬其“足以堪称国语纯化之模范”（Als Vorbild fuer die Sprachreinheit dienen）。

然而，语言之国民化与民众化并非一致。如上述“养子”一词，比起新词“Annahme an Kindes Statt”，传统的“Adoption”更方便易懂。法律术语之外，类似困难亦不少。例如，政府悬赏征集替代“Zigarre”（烟草）、“Automobil”（汽车）、“Cake”（蛋糕）之词、其中“Zigarre”之应征者 400 人，提案二百余条，最终“Rauchrolle”当选；“Automobil”之应征者 848 人，最终“Aut”与“Autler”从上千条提案中脱颖而出；而“Cake”之应征者高达 15349 人，提案亦有五千余条，最终“Knusperchen”当选。然而异议四起，遂重新募集，此番“Reschling”当选，但最终该二词皆未被采纳。其他诸如“Post”（邮政）被“Sendanstalt”替代，“Polizei”（警察）被“Gewaltei”替代，“Philosophie”（哲学）被“Weisheitsthum”替代，“Egoismus”（自我主义）被“Ichsamkeit”替代，“Sozialismus”（社会主义）被“Genossenheitstum”替代，而“Physiologie”（生理学）之替代词“Menschenleibbeschaffenheitslehre”（人体状态学）长度惊人，上述代用词汇实际上无一实用。

如上所述，国民化并非等同于民众化，因此，批判德国民法典第一草案“非民众性”（Unvolksthuemlichkeit）之声此起彼伏。其中，祁克对此批判道：“余无法承认起草者为文体之民众性作出丝毫努力。倘若民众性之实现为不可能或不必要，则此草案自始至终仅为法学家而存在。”温特沙伊德反驳道：“法典乃为法官而存在，而非俗人。因此法典之价值，在于令法官一目了然，俗人无须理解。”温特沙伊德之反击，稍有强辩之嫌。

八十七、恶逆不孝之罪

“五刑之属三千，罪莫大于不孝。”中国自古以来便极其重视针对父母之罪。自唐律始，至明律清律，其总则《名例律》中罪最大者为“十恶”，即谋反、谋大逆、谋叛、恶逆、不道、大不敬、不孝、不睦、不义及内乱，其中“恶逆之罪”乃殴打或谋杀祖父母、父母之罪，“不孝之罪”指控告、咒骂祖父母、父母，在其生前不予供养，死后不举哀。律之各编中，针对祖父母、父母之罪名罗列颇为详密，其刑罚极为严峻。取唐律为例，《职制例》中有闻父母丧而匿不举哀者，流二千里（《明律·礼律》杖六十、徒一年，清律亦同），忘丧为乐者，徒三年，为樗蒲、双六、碁、象棋等杂戏者，徒一年，参与吉席者，杖一百。《户婚律》中，居父母丧而生子者，徒一年，父母在而子孙别籍异财者，徒三年，居父母丧而嫁娶者，徒三年（《明律·户律》杖一百，清律亦同），父母被囚之际而嫁娶者，若父母死罪则子徒一年半(《明律·户律》杖八百)，若父母流罪则徒一年，徒罪则杖一百。《贼盗律》中，谋杀祖父母、父母者处斩。《明律·人命律》中，谋杀祖父母、父母者，已行者，斩，已杀者，凌迟处死(清律亦同)。《斗讼律》中，詈骂祖父母、父母者，处绞刑(《明律·骂詈律》同，清律亦同)，殴打祖父母、父母者，处斩(《明律·斗殴律》同，清律亦同)，控告祖父母、父母者，被称为“干名犯义”，处绞刑(明律杖一百、徒三年，诬告者绞，清律亦同)，违反祖父母、父母教令者，以及阙供养者，徒二年(明律杖一百，清律亦同)。此外，《诈伪律》中，父母死则应解官居丧，诈不解者，徒二年。《杂律》中，奸父之妾者，处绞刑。

八十八、同姓不娶、男女有别

根据上文可知，今日之道德问题，于古代则为法律上之犯罪；而“同姓不娶”“男女有别”等禁诫属今日之道德问题乃至民法问题，于古代则为某种程度之刑法问题，古人处罚近亲结婚，亦制裁通奸之外的男女关系。例如，关于“同姓不婚”，《礼记·曲礼》中有如下记载：“娶妻不娶同姓，故买妾不知其姓，则卜之。”《唐律·户婚律》中有：“诸同姓为婚者，各徒二年。”《明律·户律》中有：“凡同姓为婚者，各杖六十，离异。”《清律》中也有相同文字。所谓离异，指婚姻无效，命两人分离。

“男女有别”本起源于两性相避之禁忌，在中国古代，“男女有别”已成为德义规范。《礼记·内则》中有：“七年男女不同席，不共食。男子居外，女子居内。男不言内，女不言外。”《礼记·曲礼》中也有如下文字：“男女不杂坐，不同施枷，不同巾栉，不亲授，嫂叔不通问。”其趣旨如《义疏》中“防淫乱也”所言，在于预防由男女自由交往而产生之弊害，并非如最早之禁忌时代，将妇女视为秽物，或是人们相信男女之间之猥亵行为会招致神怒。然而，触犯此类德义规范，达到最严重者，会受到法律制裁。《唐律·杂律》中有规定：“诸奸者，徒一年半，有夫者，徒二年。”《明律》《清律》之《犯奸律》规定：“凡和奸，杖八十，有夫者，杖九十。”其中“和奸”与“有夫奸”两者制裁之差距居然不大，实在引人瞩目。

八十九、国王之治安

谈及禁忌，英国法中“国王之治安”（King’s Peace）制度，便是禁忌进化为法律现象之一例，颇令人玩味。根据盎格鲁－撒克逊之古法，以国王身体为中心，周边一定区域被定为“不可侵犯圈”（marghin; inviolable precinct），在此区域内有妨害治安行为之人，便是妨害国王之不可侵犯权，国王可将他处以死刑，并没收财产。亨利八世三十三年第十二号法律（33 Hen. Ⅷ .C.12.）便是其中一例。

> 恶意攻击他人，导致在宫殿以及其他国王居所境内发生流血事件，便是侵害“国王之治安”。

英国法将一切犯罪视为扰乱“国王之治安”，国王是一切刑事诉讼之原告，以“皇帝对某人”（Rex. v. John Doe）之形式起诉，其起诉状（Indictment）之结文写法皆有一定惯例，“被告某人杀害某人、盗某人之物、诽谤某人、欺诈某人，扰乱皇帝之治安”，此形式可回溯至“国王之治安”的观念。

为保全“国王之治安”，上述“不可侵犯圈”之测定方法如下所记，联想到国际法中领海之观念始于射程距离，便觉有趣。依据埃塞尔雷德国王（King Ethelred）之法律，从家门投射标枪，以标枪之到达点为基准画圈，以此圈为单位，称为“标枪射程”（Lance-shot）。依禁忌保有者身份之不同，规定其有若干标枪射程。爱尔兰之古法布里恩法典（Brehon Laws）规定，测定标枪射程之枪长度，从枪尖至末端十二拳头长，波耶尔（bo-aire）级别之酋长的不可侵犯圈为一标枪射程，上一级耶德萨（aire-desa）级别之酋长则是二标枪射程，随着等级提高，其范围亦逐步扩大，至总酋长级别之国王的不可侵犯圈，便为六十四标枪射程。之后随着国王权威增强，其范围越发扩大，标枪射程已不够测量。至十一世纪，“Pax regis”（国王之治安圈）以国王的宫殿或行宫大门为中心，周围以“三英里三弗隆三英亩宽九英尺九掌宽九巴利肯”（three miles, three furlongs, and three acre-breadths, nine feet, nine palms and nine barley-corns）为距离画圈。此外，忏悔者爱德华以及亨利一世之法律中规定，以宫门为中心，周围以“四英里三弗隆九英亩宽九英尺九巴利肯”为距离画圈，并将其距离称作“宫廷界限”（Verge of the Court）。此距离算至几英里已足矣，却精算至巴利肯（大麦粒大小）如此细小程度，可谓极具英国特色。

九十、拦路劫匪 (highwayman)

英国将拦路劫匪称为“highwayman”，这是为何？日本曾发生定九郎于山崎大道杀害与市兵卫被罚五十两银之事件，英国亦曾有过类似事件。大道确实是抢劫发生场所，然而“highwayman”之起源并非仅仅源自该常识，而是来自“国王之治安”。上文中已有详述，以国王居所为中心，四周遍布“国王之治安”区域，国王更进而宣布“全天下”皆为治安区域。忏悔者爱德华之法律（Edward the Confessor.12.）中记有四大国道为治安区域，即瓦特林街（Watling Street）、银鼠街（Ermine Street）、福斯路（Fosse Way）、伊克尼尔德驿道（Icknield Way），而往其他城市运输粮食之重要水路亦是“国王之治安”区域。上述四大国道，前二者纵贯王国，而后二者则横贯王国。征服者威廉之法律第二十六号有如下规定：

> 凡在瓦特林街、银鼠街、福斯路、伊克尼尔德驿道上杀伤或殴打旅客者，即是扰乱国王治安之人。（Will.Ⅰ.26）

此类治安之扩张，概因当时盗贼横行，公路上屡屡发生强盗、杀伤等事，为保障旅行安全，便将公路中最为重要之地段编入国王治安圈内。此四大国道之治安保护，乃英国治安普及全国之基础。纵横全国之四大国道以及附近发生的犯罪事件，均被定罪为治安扰乱，不仅如此，即便事件发生于其他场所，亦被告发为于国道发生之事。于是，此四大国道便成为“国王公路”（King’s highway），在此犯罪之人犯皆为“highwayman”。

九十一、殿上人

本邦中古之升殿[①]资格相关制度，其渊源亦是避讳接近君主之禁忌观念。中古[②]以后，进入禁中殿上被称为“升殿”，必须为高级朝臣方可升殿。可升殿之人被称为“殿上人”“堂上人”“上人”“云上人”，与此相对应，不可升殿之人被称为“地下人”或者“下人”。最初升殿不依官阶，而是依人而定，因此，虽是位列三品以上之公卿，若无特别许可，亦无升殿资格，尔后逐渐定出堂上、地下的门第之分。但是，唯独藏人[③]不同，即便是六品的藏人，亦可升殿处理殿上事务。《枕草子》中有如下记述：

---

① 升殿：在日本指被允许进入位于宫中清凉殿南侧的殿上。——译注

② 中古：历史上区分的时代之一，在上古与近古之间。在日本，指的是平安时代（794–1192 年）。——译注

③ 藏人：天皇侍从官，平安时代主要掌管朝廷诏敕的传令、上奏、各类仪式等政务。——译注

（有些人）为某某人的儿子，虽有四品、五品、六品的官职，却位居下首，无人可见。但倘若成为藏人，则格外可喜可贺。

由此可见，当时人们将当藏人纳入“可喜可贺”之事中。总之，升殿、尤其可进入殿上内部之“内升殿”，乃至高荣誉，亦为特权。如平氏[①]一族，虽说是桓武天皇之后裔，且累代皆担任地方官，积累相当之功绩，但因其家世仅为地下人之武士阶层，依然不被准许升殿。至平忠盛[②]之时方才有了升殿资格，引发物议，《平家物语》中如此记录此事：

上皇恩准其升殿，忠盛其年三十六岁。云上人因此心生嫉恨，暗中计议，欲于同年十一月二十三日五节丰明节会之夜暗杀忠盛。（中略）平氏一族本为桓武天皇之后裔，因一段时间居于都城之外，便被降为地下人，长期居于伊势国……

① 平氏：平安时代受赐“平”姓而由皇族降为臣籍的氏族。——译注

② 平忠盛：平正盛之子，继承父业，他的军事和外交才能使平氏成为彼时日本最有势力的家族，为其子平清盛事后掌握全国政权奠定了基础。——译注

九十二、谒见与御览

德川幕府制度中有“谒见以上”与“谒见以下”之两类格式。所谓“谒见以上”，便是有资格谒见将军，“谒见以下”便为无此资格。有谒见资格者，国持大名、[①] 外样大名、谱代大名、京都所司代、大阪城代、若年寄、[②] 数寄屋头、[③] 同朋、[④] 小石川药圃[⑤] 主管等。而鸟见、[⑥] 特等船乘役、天守番、富士见宝藏番、[⑦] 账本调查人员、建筑工程人员属于无

---

① 国持大名：江户时代有一国以上领地的大名。——译注

② 若年寄：江户幕府的官职之一。——译注

③ 数寄屋头：江户时代掌管茶会庶务的职位。——译注

④ 同朋：江户时代在幕府中担任殿中大名的向导或做杂物者的职衔。——译注

⑤ 小石川药圃：江户幕府为栽培东西方各种植物而开辟的园圃。——译注

⑥ 鸟见：江户幕府的一个职衔，专门负责管理将军的训鹰场。——译注

⑦ 番：看守人。——译注

谒见资格者。属于“谒见以上”者可谒见将军，直接与其对话并作答，而“谒见以下”者则不被允许如此做，若偶遇将军，亦不算为谒见，不能直接询问或作答，必须通过近侍者对话。当时各藩也皆设有谒见制度。

由于谒见将军有上述规制，因此当时被视为卑贱之少数民族与外国人自然毫无谒见将军之可能。德川幕府采取锁国政策，唯独允许荷兰人从长崎入境通商，尔后年年有使节前来江户，贡献特产，或报告欧美各国之形势。然而这种使节到访，不称作谒见、召见或拜谒，而是有个专有词汇，叫“荷兰人御览”。

拜谒将军图（浮世绘）

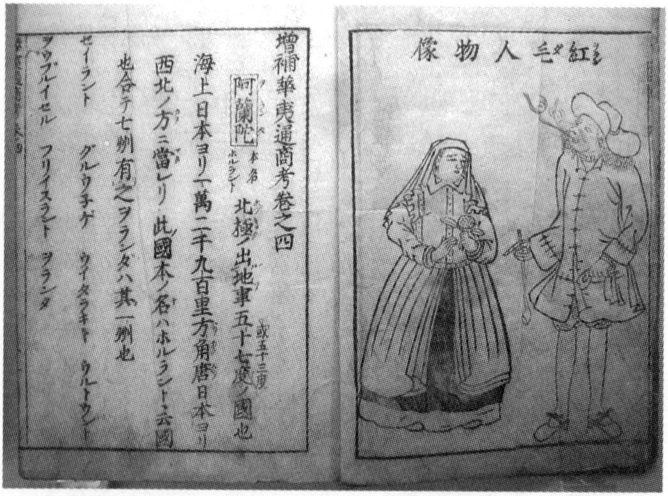

日本近世著作中的荷兰人

九十三、将军出行

德川幕府时期，将军外出时严禁庶民观视。道路两旁所有屋舍窗门必须紧闭，造挡板、围墙来遮挡，或将门窗缝隙糊住。《家守杖》一书记载有将军出行时，当局会在所经之处颁布如下述之条文。此制度于文久二年（1862 年）十月被废除。

御驾所到之沿途，护驾武士颁布之条文，如下所示：

规定条文之事

一、今日御驾出游上野。

御驾光临时，町内注意防范火柱，二楼窗户紧闭，不可上人，尤不可窥视，不得发出声响。

二、不可递交诉状。

三、御驾沿途，他人不可靠近，僧侣、猎户、瞽女、[1]瞽男、理发师、留全发者、[2]着短外褂之妇女、浪人、形迹可疑者不可出现。

四、突棒、[3]钢叉、刀具、飞镖等器物一概不许出现。

五、发簪及发上醒目饰物必须去除。

六、为御驾开路时，若无指令，将军所到之处任何人不可通行。

上述条文，应严格遵守，不得违令。条文张榜之处，务必遵照执行。

年号月日

某町月行事某人　印

五人组某人　印

名主某人　印

某某军队

某人

当时有一脍炙人口之落语，[4]某将军问侍臣："余早有耳

① 瞽女：日本室町时代以后，在乡村巡回的失明女艺人。——译注

② 全发：日本古代男性发型之一，头发不剃成半月形。——译注

③ 突棒：一种丁字钩棒，日本江户时代用来捕捉犯人的武器。——译注

④ 落语：日本大众曲艺之一，日本独特的说话艺术。——译注

闻，两国[①]乃热闹非常之繁华地，为何余今日通行时竟悄无人影？”侍臣回：“只因将军御驾光临，方才如此。”将军便叹道：“既然如此，余只得微服出行。”

① 两国：位于日本东京都东部、隅田川两岸，从墨田区西南端至中央区东北端的地区。——译注

九十四、“妹”与“兄”

日语中，“夫妇”一词写作“いもせ(妹兄)”，而“兄弟姊妹”亦写为“いもせ(妹兄)”，因此便有人以此论证，本邦古代承认兄弟姐妹通婚。仅仅以此为证便直接下结论，虽然过于草率，却亦值得关注。

作为称“妻”为“妹”之用例，《日本书纪·雄略纪》之首记载：“穴穗天皇……谓皇后曰吾妹……”其注解写道：“称妻为妹，盖古之俗乎。”虽是后人之注解（饭田武乡《日本书纪通释》第四卷2301页），然而丈夫称呼妻子为“妹（いも）”，确是自古有之。

但在兄弟姐妹之间，兄弟称姐妹均用“妹（いも）”，而姐妹称兄弟亦均用“兄（せ）”，即“兄（せ）”并不等同于现今日语之“兄”，而类似英语之“brother”，“妹（いも）”亦不是现今日语之“妹”，而是“sister”。《日本书纪·仁贤纪》六年条目下写道：“古者不言兄弟长幼，女以男称兄，男以女称妹。”此外，《后撰和歌集》中有诗云：

> 词书：[1] 同胞兄妹间，不知生何事。
>
> 亲密如你我，却似秋之妹背山，[2] 红叶悄变色，恰似君心转情薄。

> 词书：同胞兄妹生龃龉，颜色不与往日同。
>
> 一山名妹背，风月情浓似兄妹，无奈云隔山，薄雾叆叇惹悲叹。

上述诗句貌似描写夫妻感情，然而与词书结合而读，可知诗人将兄弟姐妹关系称为“妹兄(いもせ)”。

此外，即便是夫妇、兄弟姐妹以外之人，男性亦称呼女性为“妹(いも)”，女性称呼男性为“兄(せ)”。本居宣长在其著作《古事记传》卷六中写道：

> “势(せ)”即为“兄(せ)”，非仅用于夫妇、兄弟姊妹之间，乃尊重男子之亲昵称呼，恰如称女子

---

① 词书：日本和歌、俳句的序言。——译注

② 妹背山：日文发音为“いもせ”，在奈良县中部吉野川的北岸有座妹山，在南岸有座背山，“妹背”本指代亲密的男女关系，在传统诗歌中，“妹背山”常作为兄妹的隐喻出现。——译注

为“妹(いも)”。

虽然“兄(せ)”乃“尊重男子之亲昵称呼”,而“妹(いも)”却不可对敬畏之贵人使用。就此,观《万叶集》卷十二中之和歌便可得知。

称汝阿妹,惟恐无礼,
纵然如此,
仍愿用此语。

日本江户时代国学大家本居宣长(1730–1801年)

九十五、“兄”与“弟”

如上文所述，兄弟姐妹间若以“妹（いも）”与“兄（せ）”相称，则“兄（あに）”“弟（おとうと）”“姊（あね）”“妹（いもうと）”之关系将如何？本居宣长在著作《古事记传》有如下说明：

> 所谓“妹（いも）”，自古无论夫妇，抑或兄弟姊妹，抑或他人，当男女成双时，皆为女方之称。故《记》（指《古事记》）中之例，言兄弟姊妹时，若为兄与妹，则称妹为“妹某（いもそれ）”，若为姊与妹，则称“弟某（おとそれ）”，不称“妹（いも）”，如阿迟鉏高日子根命，[1] 次妹高比卖命，

① 阿迟鉏高日子根命：《古事记》中出现的男神。——译注

姊石长比卖，其弟木花之佐久夜昆卖。应留心察看。可见古来之所定。然，女女之间称呼“妹(いも)”，则上古并无。(《古事记传》卷三)

“淤登(おと)”是男女通用之称，且原本仅为“淤登(おと)”，后将其称作“淤登宇登(おとうと)”，如称夫(を)为“袁宇登(をうと)”，称妹(いも)为“伊毛宇登(いもうと)”。“宇登(うと)”皆指人，如“弟人(おとひと)”“大人(をひと)”“妹人(いもひと)”。如此添缀“人”字乃后世之事也。(中略)相对于姊，后来出生者，女子亦称“弟(いと)”，不称“妹(いも)”，《古事记》中之例皆然，用心可见，中古之前已然如是。称后来出生之女子为“妹(いも)”，乃男兄所用之称呼，姊只能称妹为“弟(いと)”，不称“妹(いも)”。然至后世，姊亦称其为妹(いもうと)，唯有男子方才称“弟(おとうと)”，姊妹之称，已属常见之事，非皇国之古称。(中略)实则至中古，与古时相同，姊称妹为“弟(おとうと)”，《古今杂集》之词书中，有云侍奉妻弟之人，《源氏物语》花宴卷中，称胧月夜君为女御之御弟，可见姊无称其为妹。(《古事记传》卷十六)

男子称长兄为“兄(あに)”，称幼弟为“弟(おと)”，与此相仿，女子称长姊为“姊(あね)”，称小妹为“妹(おと)”。盖“兄(あに)”与“姊(あね)”为同一语，皆用于亲密称呼兄弟姐妹中之年长者，而“おと”则是对兄弟姐妹中年少者之昵称。现将上述兄弟姐妹间之称呼归纳如下：

男性称呼兄弟姐妹：
兄为“あに”
弟为“おと”
姐为“いも”
妹为“いも”
女性称呼兄弟姐妹：
兄为“せ”
弟为“せ”
姐为“あね”
妹为“おと”

而根据路易斯·摩尔根之记载，夏威夷人对兄弟姐妹的称呼，与日本上古兄弟姐妹间之称呼完全吻合，其称呼如下：

男性称呼兄弟姐妹：
兄为“Kaikŭaäna”

弟为“Kaikaina”

姐为“Kaikŭwäheena”

妹为“Kaikŭwäheena”

女性称呼兄弟姐妹：

兄为“Kaikŭnäna”

弟为“Kaikŭnäna”

姐为“Kaikŭaäna”

妹为“Kaikaina”

夏威夷男性称呼姐妹时，皆用“Kaikŭwäheena”一词，与日本男性称呼姐妹之“いも”相同。而女性称呼兄弟时，均为“Kaikŭnäna”，与日本女性称呼兄弟为“せ”一样。男性称呼长兄、女性称呼长姊，都用“Kaikŭaäna”一词，恰似日本上古的“あに”与“あね”。男性称呼幼弟、女性称呼小妹，共用同一词“Kaikaina”，这又与日本上古的“おと”相同。夏威夷人对兄弟姐妹之称呼，竟与日本上古之方式完全一致。（Lewis H. Morgan, *Ancient Society*, p.404.）路易斯·摩尔根认为，夏威夷兄弟姐妹之间的关系，在波利尼西亚多数部族亦可见（*System of Consanguinity*, pp.525–573.），可知兄弟姐妹及旁系兄弟姐妹自成一体而通婚，自有其起源（*Ancient Society*, p.407.）。姑且不谈论此结论之正否，两者如此一致，无论偶然或必然，颇有趣味。

九十六、就惩罚复仇一事咨询大学

明治时期最初之刑法《假刑律》中规定，为父母报仇者无罪，刑部省于制定、审议《新律纲领》之际，则对复仇进行制裁，草案中规定不报官而擅杀者，杖六十，明治三年，刑部省就制裁之可否咨询大学。[①] 大学提供博士与助教[②] 两方面之答复，前者反对而后者赞同。此时制度局[③] 亦出手干涉，提交意见书，反对草案，因此，刑部省再次提交请示，反驳博士与制度局之论述，引用助教之答复，主张维持草案。最终草案被采纳，成为明治三年十二月二十日公布的《新律纲

① 大学：明治时代的“大学”是统辖全国所有学府的中央教育行政机构。——译注

② 博士、助教：明治政府设立的教育行政机构“大学”的教官职称。——译注

③ 制度局：明治初期“三职八局制”中的一个负责立法的机构。——译注

领》之规定，此后更是因江藤新平司法卿之建议，于明治六年二月七日一跃成为《复仇禁止令》。江藤新平之意见书与禁止复仇之太政官布告，下文将会公布。大学的两份答复书与制度局、刑部省之意见书原文，收录于明治二十三年内阁记录局编辑之《法规分类大全》第一编刑法门(第 126 页以后)，因可得知当时之推论文体，故余颇有兴趣，于下文全文引用。原文无断句，为方便阅读，遂附加标点。

垂询大学　明治三年六月二日

复仇一事，刑部省提交请示，如附页所写，望充分调查后赐教。下文乃附页请示。望亦以附页形式答复。

(附页)

刑部省问　明治三年五月二十七日

古昔编大宝律，专斟酌唐律。因唐律不载复仇之条，故大宝律亦无其条。陈子昂议而曰，报父仇者，诛之而旌其闾。柳宗元驳论曰，不可诛旌并行。韩愈则具其事而申尚书省，尚书省集议奏闻，其宜酌而处之，议未定。后世无所适从。至朱明，《周官》曰，凡报仇雠者，书于士，杀之无罪。基于此文，斗殴律内加入一条，若祖父母父母为人所杀，子孙未告官而行凶，擅杀人者，杖六十，即时杀死者及告官者另当别论。以此制定，有司之守，始得仇可报，孝子之心亦得伸，情法俱尽。故编满清之律，因其文，未改易一字。加解曰之，礼曰，父母之仇，弗与共天下也，遇诸市朝，不反兵而斗，可复仇，故轻擅杀之罪，若目击杀亲，痛忿激切，即时手刃其仇，乃情义之正，何罪有之？今新律编修，复仇之条亦置于斗殴内，据明清律，有上述定度，然据旧幕府委任律，为无罪，如何裁定？特此请示。

大学问　明治三年六月五日

附页教官舍长共同提交，乞朝廷裁决也。

指令

教官舍长进言之趣旨为不采用。

（附页）

复仇之义，陈子昂之说不足为论，韩柳二子之论得其大体。然至明清，律条中加之，定擅杀之罪杖六十者，乃精细商量也。韩柳只就生杀论之，未及笞杖之细目。若二子生于今时，亦不知可加罪杖。然而，人云礼仪应复仇，天下古今之人亦皆无非之者。苟或以之为义，纵然有赏之，岂有罚之理？或虽又为复仇之义，却云未告官擅杀，其罪不可不轻罚。请看古今之复仇。告官而复仇者有几人？能告官、能被许可后而复仇之凶犯，未待复仇不免官刑。官虽知之而不上刑者，虽告而不得复。不及官知之凶犯，则远远逃脱，隐其踪迹。搜索其隐晦者，千辛万苦终得物色，雀跃而无暇寻刃，所谓不反兵而斗之意也。何来告官之暇？何况告之必将失之，或恐受其害。然追其踪迹，于山野间遇之，无暇告官，直刃仇敌，其情与即时手刃者并无异。然而即时手刃者无罪，千辛万苦终复仇者却受罚，岂无怪载？何况杀人者死之官法丧失，令人逃脱刑诛，他人子孙能得报，乃补刑之不及之处，应有赏，岂能官刑不及却处罚复仇？且罚为惩众。若罚之而无益，不如不罚。今罚复仇人不告官，岂非惩治孝子之义愤？况且告官而失其仇，与不告而得以复仇，于其人道，得失如何？得其道却罚，劝人失其道，岂是刑赏之意？虽说如此，复仇之名同，并非其事情亦同。告而不得复仇，告亦可得复仇。有隐匿者，亦有仍居当地者。恰如徐元庆手刃仇敌县尉，其实虽为复仇，其名则属官吏之诛，不可归入寻常复仇之类。虽不可谓诛而旌，且不应无擅杀之罪。难以一概论之。退而论之，所谓律无其文，每遇事发，集议奏闻，酌其宜而处之，可谓千古之确言。法家之情，欲立一定则而持守，乃固然之事。已虽有论定之处，授予后人时若无记于此一条中，恐后任或茫然生惑。然杀人者死之律中既有明文，漏天网而复仇乃刑官不及之所之变，并非固有之事。偶然失刑之变，岂须预先计之而设律条焉？

庚午六月

中博士芳野世育

少博士藤野正启　　谨答

少博士木村正辞

（附页）

复仇人处分，大学中少博士之议可。然若未依其变而明其刑，则止于言律中无之。抑天下之经纶完整，大小裁判所之规则严立，司法官之令阖国通行，便不应起此复仇之变。司法官刑部弹正之任，[1] 乃广司天下之法律，诸官省及府藩县之裁判所自不必说，甚至村里市街之小裁判所，亦脉络贯通，令出而达天下、行法律。假设出现杀亲者，于其管辖之官诉之时，立即申于司法官，司法官则

① 弹正：中央官职之一，独立于朝廷之外，负责管理风俗，揭发不当行为的部门。——译注

号令天下，不日罚其犯人。皆代孝子之心搜索，不可等闲视之。或司法官之号令未达之期间，孝子亲自苦心探索得其踪迹，若速申至方便之裁判所，亦可立时捕之，行适当之刑，以明刑典，以报孝子愤怒之志，则无须私自复仇。故与其私自复仇，告官而待处置之法，更适应第一刑典，亦可全孝子之情。兹于此始可立私自复仇之罪律。此时，杀人者死之律执行，不应有私自复仇之变。如此不告官而私自复仇者则为违令之罪人，可定擅杀之罪而罚之。而虽然经纶完整、规则严立，司法官之令却未广行，有擅杀之变，其罪在司法官而不在复仇人，司法官宜谢其罪。（正如当春二月水户藩住谷兄弟复仇之事，司法官未尽其任，其令未行，方有擅杀之变，故其罪不在复仇人，官之处分中已明确。）但其令尚未贯通天下，法律未行，并非罪在司法官，经纶尚未充分也，官吏不得其适宜，其责归于何处？宜设司法官之令贯通天下之法，然后始立复仇擅杀之罪律。

庚午六月

制度局印

针对复仇律之问

复仇为伸孝子之情，自然不应有禁法。但应设不告官而擅杀之罪。此乃敬畏官府之道也，故孝子亦应甘受其罪。据明清律，今新修之律斗殴内应定杖六十之律。不然人不重刑法，兴擅自之风，终生犯官之弊。定杖六十乃正律。岂可出其变者临时议定？

庚午六月

中助教小中村清矩谨答

少助教依田董谨答

刑部省再问　明治三年七月四日

针对复仇一事，大学回复二篇，制度局回复一篇，各辩明条理，可谓略善。然大学博士答复道：搜索隐藏踪迹之仇敌，千辛万苦终得物色，雀跃而无暇寻刃，何来告官之暇？何况告之必将失之。此乃误解郑玄、韩愈的“将复仇，先告于士”之“先”字与律中“不告官”之“告”字。律中“告”字乃《周官》之“书”字。《周官》云：凡报仇雠者，书于士，杀之无罪。其意为，今日父被杀，其子即日书于士、告官曰：某年某日吾父为何人所杀。并非于山野、市朝遇仇人方才告官。被杀即日先告之，经年后于某地手刃仇敌，不可称为擅杀。且官并非仅限太政官、刑部等，府藩县皆是。故明之邱琼山亦云：凡父兄亲属为人所杀者，除误杀、戏杀，若以故及非理致死者，其子孙赴官告诉，府县有碍赴藩臬，藩臬有碍赴阙庭，径赴者不在越诉之限。又以窃盗辩之，昨夕一衣遭窃，今朝告官。今父祖被杀，子孙拖延时间告官，岂为其情？即日告官自不待言。误解并非仅限博士，制度局亦然。故正如本省与大学助教所言，斗殴条内加不告官者杖六十之律，得执有司之守，得伸孝子之情，亦得渐防擅自之风，仍须再议，特此请示。

指令　明治三年七月二十五日

上文请示通过。

九十七、战国时代之复仇限制

严禁复仇在现代法治国家中乃必然之事，而本邦战国时代早已出现禁止或限制复仇之法令。天文五年制定的伊达稙宗法典《尘芥集》中记载："不可擅自为父子、兄弟复仇，然裁决后，于皇土中相遇，无论父之敌、子之敌，复仇无罪。"虽然文中某些措辞语义含糊，但大致之意已明确，纵然对方乃父母兄弟之仇敌，亦不可私自复仇，倘若此人已受国法惩治，未判死刑而刑满释放，仍于该区域内活动，则双方见面可以"亲之仇""子之敌"为名义进行复仇。

此外，法制亦将复仇范围限制为至亲复仇。例如，庆长二年的《长曾我部元亲式目》中规定："一、父母之仇子女报，兄长之仇胞弟报，若胞弟之仇兄长报，便属逆道而行。侄甥不可为叔伯复仇。"此外，《甲阳军鉴》中载："子女为父母、胞弟为兄长报仇为顺，父母为子女、兄长为胞弟报仇则为逆。侄甥为叔伯报仇也为顺，不得不报。”前者不承认侄甥为叔伯报仇，而后者则允许了此项。

九十八、“山越被仰付”

《史学杂志》第十四期第十二号平出铿次郎氏之论文《论复仇》中载有一事，庆应元年，富山藩之重臣山田嘉膳被同藩士岛田胜摩所杀，其子鹿之助和鏕马两人无意复仇，因此，被处以流放。其宣判书如下，文中将“发配边疆”书写为“山越被仰付”（直译为“被下令翻山越岭”），实在有趣。此外，即便身份为养子，亦不可免去复仇义务。

山田鹿之助

其父嘉膳于去岁秋天被杀害，鹿之助本应申请复仇，却不履行此义务，难容于士道，违背道义。特此判决，命其发配边疆。

丑二月廿九日

寄合所[1]

浦山权兵卫殿[2]

池田宗右卫殿

——————————————————————

没收山田嘉膳家宅以及家产等，家人归置于亲属家，命其速速离散。

丑二月廿九日

——————————————————————

鹿之助弟

定地辘马

其父嘉膳于去岁秋天被杀害，养父弥源太逝世，作为亲子伦理却无意复仇，不得士道，无理至极，命其发配边疆。

丑二月廿九日

寄合所

堀江权马殿

① 寄合所：日本中世、近代农村的自治性集会所，负责对犯罪者的处罚及制定村规等。——译注

② 殿：接在姓名或官阶之后的敬称，多用于正式场合和书面体中。——译注

九十九、孝子执刀问斩

《宪法类编》中记有明治元年九月吉井四郎请求为父吉井显藏报仇一事:“以上在常规中难以相济,然念及孝子之情难止,御旨将罪人小原彦岁、小田龙兵卫、武州铃森斩首,由孝子执刀问斩。”此乃复仇限制时期与禁止时期之过渡期的一现象。

一百、禁止复仇与司法权之确立

上述第九十六话中已有详述，明治政府于明治三年七月二十五日下达指令，无事先报官而复仇者，杖六十。同年十二月二十日发布《新律纲领》，殴打律中父祖被殴之条文中载：“若祖父母父母为人所杀，子孙未告官而行凶，擅杀人者，笞五十，即时杀死者及告官者另当别论。”即原则上承认复仇行为，仅惩治非当场复仇、未事先报官之情况，且早先裁决之杖六十减轻为笞五十，复仇被尊为臣子大义之观念，自古有之，遂于刑罚中被完整保留。

明治五年江藤新平任司法卿，江藤乃一急进果敢之改革者，面对复仇问题，其认为私人复仇乃是对国家司法权之干涉，当即着手改革，同年七月，颁布法令，宣布复仇者“可处严科”，并向太政官左院提交如下意见书，洋洋洒洒数百字。

夫复仇乃其父兄不幸逢凶犯之残害，出痛愤迫切之至情，其仇或以力强势炽，抱微志相伺其便，或其隐匿逋逃，跋涉险阻，冒风露霜雪之侵，数年焦劳身心，追寻报杀之，或有能寻其踪迹，中道含恨而死，其子又继其志，始雪其冤类，诚可怜悯其事情，杀人者必杀之乃古今之常法，而可杀之乃司法特权有之，不苟其职，非可擅杀，故父兄之仇难复，毕竟以私义犯司法之公权，故不可免擅杀之罪，全体法明律严，人人知畏避之所，犯罪科者少，若杀人凶恶，必逮捕之，诛杀之，其罪难逃，至天下者无仇可报，乃司法之主务，以往之风习以不自力复其仇为耻辱，以未尽子弟之分同心得，乡党亦以不孝看之，同不齿之，为之离故里，破家产，妻孥失其所，不能奉祖先之祭祀，至尤甚歟，不顾其理当否，不问其事故误，滥挟复仇之义，必生弊害，苟不禁止之，辗转相仇，互擅杀之端，究极时无之，遂不仅司法之权不相立而已，甚至妨碍人民之安宁，自今以后，逢父兄残害，复述明白其事情，由官处刑其凶犯，私下令禁止一切复仇，以塞相互擅杀之源，乃特此御布告上相添此段也。

左院于八月三日针对上述请示作出回复，由于禁止复仇与《新律纲领》的父祖被殴条款相抵触，倘若在发布禁止令的同时，亦对上文之律文稍作修改，便无异议。此外，附言中还建议，将禁止布告案中之“则处以严科”改成“则处以相当刑罚”。于是，复仇禁止令在明治六年二月七日公布。

太政官布告第三十七号

> 杀人乃国家大禁，处罚杀人者乃政府之公权，古来有为父兄复仇为子弟义务之风俗，上述至情难以自制，终究以私愤而破大禁，以私义而犯公权，原不免擅杀之罪，加之甚至不问其事之故误、不顾其理由之当否，挟复仇之名义，滥相构害之弊往往有之，甚以不相济事，故严禁复仇，此后，至亲为人所害，可详细将其事实，速报告官厅，若泥于旧习，擅行杀戮，则处以相当刑罚，尔等其切记勿忘。

上述布告发布当天，同时发布布告第三十九号，针对《新律纲领》中“父祖被殴律”发布指令。

> 父祖被殴律，祖父母、父母为人所杀，禁止其

子孙擅自杀害行凶者，若有犯者，临时奏请，区别处理。

即政府承认禁止复仇之原则，然而复仇者之处罚则极为暧昧。江藤司法卿自然心有不满，于同年三月十七日请示：

下令禁止复仇，若无一定刑名则不妥。应附页附加律文。

面对如此请示，左院依然维持缓和意见，于三月二十四日回复道：

关于司法省问父祖被殴律一事，熟议后决定，严禁复仇，确应有其刑，然正如先前所述，复仇之举，擅杀之罪固不可赦，然不同于夺人之财宝、妻妾而谋杀之刑，不应以寻常谋杀论之，减轻为绞刑，当场杀死仇家者另当别论。

然而政府最终采用司法省方案，于三月二十九日下令听从司法省之请示，并于明治六年四月二日发布太政官布告第一百二十二号，废除上述第三十九号布告：

> 父祖被殴律，祖父母、父母为人所杀，其子孙擅自杀害行凶者，以谋杀论，斩。凶杀当场杀死仇人者不作追究。

此规定将严禁复仇彻底落实。

当时《新律纲领》之修订法《改定律例》正起草审议中，五月确定案出台，于明治六年六月十三日，以太政官布告第二百零六号发布，因此，可想见，上述复仇禁止令发布时，草案审议已大体完了。《改定律例》第二百三十二条写道：

> 凡祖父母、父母为人所杀，其子孙擅自杀害行凶者，以谋杀论，凶杀当场杀死仇人者不作追究。

此条与复仇禁止令几乎相同，仅删除“斩”字。颇令人玩味之处，便是即将发布之法典中明明已有同文规定，而立法者却迫不及待将禁止复仇以特别法形式先行公布，究竟为何？江藤新平一方面忧患当时形势，幕府末期以来，杀伐不断，而以复仇为美德之古旧观念阴魂不散，甚是危险，另一方面则认定禁压私刑乃国家司法权确立之必须要件，仅将其作为大法典中一条，无法令国民牢记，便令其成为特别法，强调复仇之严禁，且警告其处分为极刑之斩首。

江藤司法卿之“娼妓解放令”于《法窗夜话》第六十话中已有详述，同书第六十一话亦记载其作为民法典编纂先驱之事迹，加上本文之禁止复仇、确立司法权，此三项可推称为江藤新平之三大政绩。

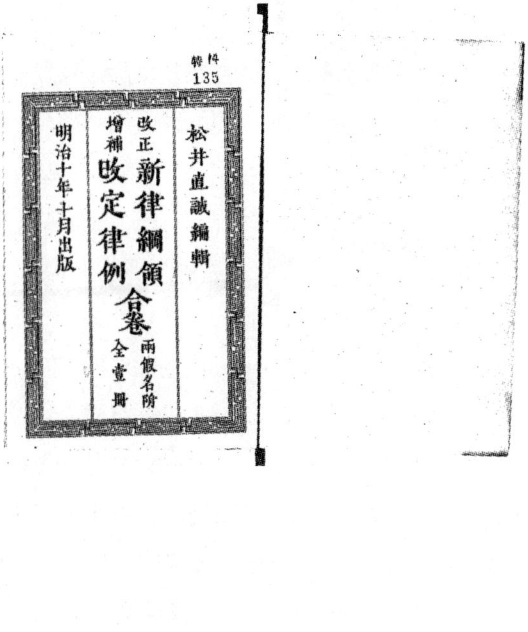

松井直澄编《新律纲领》(1876年版)书影

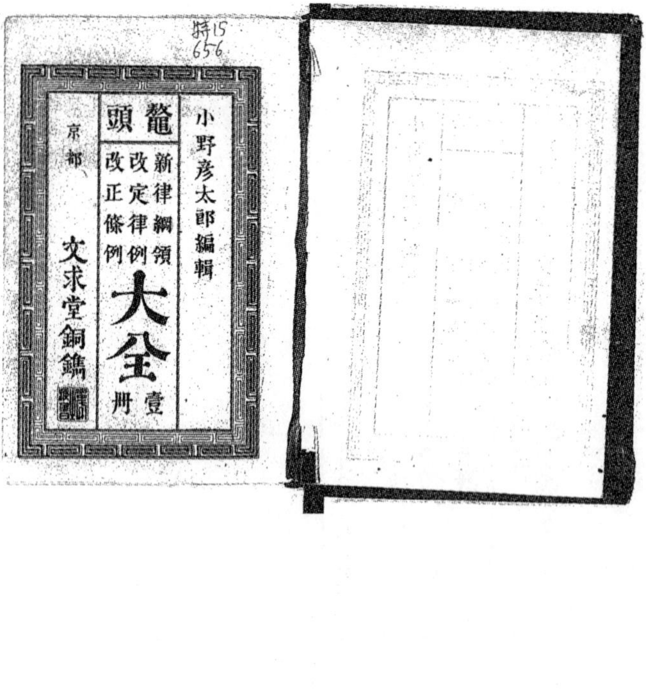

小野彦太郎编《新律纲领》(1880 年版)书影

附录

追忆《法窗夜话》

植木直一郎

重远博士于本书序言中已有详述，穗积先生早年便着手撰写《法窗夜话》与本书之小品文。明治九年至明治十四年，即老先生二十二岁至二十七岁时，曾留学英德，利用学习之余，出于兴趣，写些随笔小文，其草稿仍保存至今。

老先生归国后，于研究著述之余，仍对此类随笔乐此不疲，其中一篇《半聋的陪审员》刊登于明治十八年七月之《法学协会杂志》第十七号（本书第二十四话）。尔后至明治二十五年，数篇文章题为《法窗杂话》，刊登于《法学协会杂志》之漫笔栏，内容如下：

一、帕比尼安执节不屈

二、边沁听布莱克斯通之演讲

三、莱布尼茨乃法学革命之预言家

四、命悬一线之提议权

五、克伦之法术

六、读奥斯丁夫人所写法理学序言而不落泪者不为学者

当时先生署名"法斋主人",上述诸篇小文,先生略微增删,悉数收录进《法窗夜话》。

《法窗夜话》有百话,长短不一,亦庄亦谐,百态百趣,兼顾趣味与实利,乃老先生四十年积水成渊之作。其中不乏先生信手拈来、一气呵成之妙文,而杂搜博引、几度推敲删改之佳作亦不在少数。总而言之,《法窗夜话》是老先生苦心推敲之心血,异于寻常随笔。今举一例,《法窗夜话》第五十一话详述"民法"一词之新创。

"民法"一词乃津田真道先生(彼时为真一郎)于庆应四年戊辰之年所创。箕作麟祥博士将法语"Code civil"译为"民法"之后,该词为大众所接受,故余始初笃信"民法"为箕作博士所创之译语,然问之于博士,博士否认其为己所新创,乃沿用津田先生《泰西国法论》中所载之词。余遂问津田先生,先生答曰,该词乃荷兰语"Burgerlyk regt"之新创译语。法律译语多为诸前辈始创,几度变更方才固定,然唯独"民法"一词自始至终从未变

化，亦未有其他译语。

余拜读上述先生遗稿，竟有幸发现箕作、津田两位博士回复先生之信件。且先看箕作博士之回复：

大札奉悉

敬启

博士问询“民法”一词之手书，鄙人已拜读。博士虽知法国民法之译者乃鄙人，却不知“民法”一词乃维新前数年、津田真道氏著《泰西国法论》时便有之，津田氏将荷兰语 Burgerlyk metboek（fr. Code civil）译作“民法”（“治罪法”一词亦出自该书）。鄙人不过借用之，而“民法”一词究竟为津田氏自创、抑或采用中国词语，鄙人并不知晓，总之，本邦“民法”之始用人乃津田氏无疑。

鄙人奉官命翻译法国民法，乃明治三年至明治四年之事。

草草作答，不足之处，望博士指教。

匆匆顿首

九月九日

箕作麟祥

穗积陈重博士阁下

从信封邮戳推断，上述回信写于明治二十五年九月。其次，请再看津田博士之回复。

敬启

前日阁下于宫中谈论之“民法”，其荷兰语为“Burgerlyk regt”。

鄙人有幸拜受阁下之《法典论》《隐居论》，必潜心拜读。

谨此作答。

顿首

六月二十八日

津田真道

穗积先生

由于无邮戳可考，此封信件不知何年之物，但据信中馈赠《法典论》《隐居论》一事推断，绝非明治二十五年前之信件。结合上文第五十一话内容，余大胆猜测，老先生最初先询问箕作博士，听闻该词乃津田博士所创后，于宫中与津田博士会面时谈及此事，于是，津田博士修书回复。故可推测，津田博士之回信应是明治二十五年之翌年、即二十六年六月之物，亦有可能写于二十六年后之某年六月。余犹记得，《法窗夜话》初版发行于大正五年一月，先生于前一年十月着手出版工作。然而，原稿之大部为早年所写，先生遂从百余篇中择善者录之，更于出版前夕，执笔数篇文章，如《汉谟拉比法典》《法典执行延期战》《萨维尼与蒂堡特之法典争议》《民法编纂》《法谚》等，合并为百话出版。

上述《民法》一文虽不知先生何时执笔，但余可确定，应是余出入先生读律书屋之后，即大正三年以后。从明治二十五年先生向箕作博士询问“民法”译词，至大正三年，间隔二十余年。[1] 其间，先生将箕作、津田两位博士之信件作为《夜话》资料妥善保管，念念不忘，直至时机成熟，方才从容成文，构成《法窗夜话》第五十一话。

老先生之著述态度，从“民法”译词一事，足以窥见一斑，同时亦可知《法窗夜话》之价值。

昭和十一年二月记

---

① 原文为“四十余年”，然而明治二十五年（1892年）至大正三年（1914年）实际只有二十二年。——译注

《续法窗夜话》解说

福岛正夫

前言

《法窗夜话》续篇正是本书，两者（以下统称《正篇》《续篇》）的出版时间分别是1916年（大正五年）（有斐阁）与1936年（昭和十一年）（岩波书店），间隔整二十年。正中间的1926年，作者穗积陈重（以下简称为陈重）去世，因此，本书是其遗作。陈重去世不久，其子重远博士（以下统称重远）不遗余力着手整理亡父的大量遗稿，十年间，出版了《法律进化论》第三册等十数本遗著（包含穗积陈重·八束进讲录）。最末本遗著，便是本书。此等父子间的学术关系，可谓天下罕见、感人至深，《正篇》解说中对父子情以及作者经历已有详细阐述，可供读者参阅。

本书作为续篇，与《正篇》之差异，并非仅有上述的出版时间。在此十年间，陈重确实也写出之前未有的新作，此部分容后详述。《正篇》是陈重名副其实的自著，而《续篇》实质上是重远编纂，相当于重远亦参与其中。从某种意义上讲，本书是穗积父子共同完成之作。

重远在写《正篇》与《续篇》序言时，便阐明了上述关系。《正篇》之序言，是重远体察出父亲之意，特地从伦敦寄回他亲笔所写之序，文中详细说明父亲为何写出通俗法律小文的原因。二十年后，重远在《续篇》序言中回顾往事，他于父亲死后整理遗稿时，意外发现《续篇》原稿，从而得知父亲之意图与其所做的准备，遂决意继承父亲遗志，完成父亲心愿。

此外，我亦想在此谈谈《正篇》的撰写过程，以及《正篇》与《续篇》之关系。关于前者，本书卷末已收录植木直一郎博士（国学院大学教授，陈重著作出版的助手，与《法窗夜话》亦关系颇深）的文章，实为珍贵之资料。

总之，陈重开始着手却未能完成的《续篇》，经重远之手，最终得以问世。而且，穗积父子共同完成之杰作，读之却很难察觉出两人合作之痕迹。本书与《正篇》相同，由百话构成，前五十话乃陈重亲笔所写，而后五十话是重远挑选、编纂而成。当然，后者内容亦来自陈重著作，重远之加工仅为少数，全书各话和谐一致，融为一体。想来重远之文笔并不劣于其父（陈重既是法学家，亦是少见的知名作家），同时又对父亲之学问理解透彻。

接下来，我便就本书之由来、重远编纂本书后半部之方法进行说明，并略述陈重于书中所呈现的学术思想。

本书之由来与构成

《正篇》之问世，是陈重在工作之余写些“法律小话”，后听从重远之建议，结集出版，这在《正篇》卷末的解说中已有详述。《续篇》序言中写道：“《法窗夜话》乃父亲所有著述中最为通俗之读物，亦是唯一一部，因此备受欢迎。”可见，当时读者已经渴望《续篇》之出版。陈重一直对学问大众化抱有极大热情，因此对读者之期待欢喜非常，遂兴起不辜负读者期望之意，将法律小品文之写作继续缓步推进。而这一切，重远并不知情，陈重过世后，重远整理遗稿时，方才发现上述后续之作。陈重亲笔所提的《续法窗夜话》文件夹中，正是这些遗稿。重远虽有将“父亲生前未能如愿之续篇刊行之念”，然而数十篇遗稿中，还有些未完之作，能够立即使用的文稿，恰好仅有五十篇。重远便试着补足另外五十篇，使其与《正篇》同样为百话，材料便来自《法律进化论》，理由如下：

我忽想起，父亲曾说过，《法律进化论》乃专

> 业之巨著，恐怕寻常读者无法通读，可从中撷取典故、旧事，汇编为通俗读物。鉴于此，我便从《法律进化论》中摘取若干掌故，权当尊其遗命，连载于《法律时报》之“有闲法学”上。发表之篇数恰为四十九篇，我便亲自补出一篇，共得百篇，续篇之事遂成。后五十篇之文字，我已尽力依据原文改写，却不免带有些许自己的文风，与前五十篇之风格、语法略有所异。（参见本书《序言》）

如此一来，本书便由两部分构成，各五十篇，分布均匀。然而，前五十篇中亦有重远以“编者追记”形式追加的内容，以说明陈重的研究方法等（第二十二话、第三十五话、第四十四话）。后五十篇中，重远“已尽力依据原文改写，却不免带有些许自己的文风，与前五十篇之风格、语法略有所异”，一部分内容直接从陈重著作中取材，构成各话，可称为陈重的自著，而剩余不少内容，是重远从陈重著作各处搜集而来，编排一处。而且为了使各话独立完整，重远没少执笔每话的开头。其中第九十八话《“山越被仰付”》中，第一段文字便是重远独立撰写，此举恐怕会遭人质疑，是否与陈重的真实意见有所出入。

《续篇》序言中亦写明，第一百话是重远自写的文章，然而大部分资料亦来自陈重的著作《复仇与法律》而并非《法律进化论》。而且，重远还从《法规分类大全》第一编（内阁记录局编，明治二十二年以后）中直接引用原文，自己则亲自撰写结论部分。

那么，陈重究竟于何时写出《续篇》文章？根据本书序言，大致在《正篇》出版之后，虽然"其中也有颇为早期之作品"，如本书第二十四话《半聋的陪审员》，但那些新作的文章，很有可能写于《正篇》出版之前。我们可从植木直一郎博士的文中获知，他作为助手，直接参与《正篇》的编纂工作，"先生从百余篇中择善者录之"，因此，《续篇》文章可能是当时不被采用的那部分，然而，是否也有可能来自别处？

倘若如此，陈重十年间完成五十话，如此的执笔速度，可谓相当缓慢，是否因种种事由而耽误其进度？尤其陈重写文极为慎重，连细微之处亦加以严密考证。

"推敲"一词，很适合形容父亲的工作，真是又推又敲。父亲不仅对著述内容细心谨慎，连遣词造句亦分毫必究。因此成文颇为缓慢，终究无法掌握一笔呵成之技巧，可谓一字一句皆一丝不苟。数次修改原稿更是家常便饭，甚至间隔数年又重写，换成是我，也许早已送至印刷厂付梓，而父亲却迟迟不肯交付，思虑良久，再三推敲，直至定出

> 妥善之字句。每个措词,倘若不查明其笔画、用法、正确出处,则无法安心。(穗积重远:《我谈父亲》,昭和四年四月)

那么,重远编纂的后半部又如何?此项工作亦不轻松,1929年(昭和四年)12月,《法律时报》创刊,创刊人正是重远的后辈、关系极其密切的末弘严太郎教授,重远撰文即连载于此报。与陈重创立的官方法学专业杂志《法学协会杂志》不同,此刊是从德国《法学家报》获得启发而创立的民间非学术性的法律杂志。重远大力协助此报,设立一专栏名"有闲法学",每期必写。大致一期两话,因是轻松的法学读物,备受读者欢迎。连载之文后结集出版,名为《有闲法学》(昭和九年)、《续有闲法学》(昭和十五年)。虽也是法学小品集,但就学术性而言,与《法窗夜话》有所不同。

在《法律时报》1934年5月第六卷五号刊中,重远写出如下一文,阐明从《有闲法学》第五十一期开始,将以《法律进化论》部分内容作为题材,每期连载。

> 《有闲法学》如今也满百话,今后我将尝试转换风格。亡父穗积陈重生前著有《法律进化论》第一册与第二册,逝后以遗著形式出版第三册与《法律进化论丛》四卷,合计七册。父亲曾多次说过:

> “此书乃吾毕生心血，却因其专业性，显得艰涩且庞大，恐寻常读者无法通读。吾思之，可从文中撷取典故、旧事，改为随笔，汇编为通俗读物。”父亲遗命至今仍未实现，故我便斗胆将此专栏作此用途。

从第六卷五号刊开始，至1935年8月的第七卷八号刊为止，取自陈重遗著内容的《续篇》文章连载了一年四个月，内容从第五十一话至第九十九话。其间虽然偶有一、二期刊登不相关之内容，但大体上皆贯彻上述重远的理念。为将《有闲法学》的文章编成四十九话，重远遂将专栏中某两话合并为一话。排除段落承接与添加编者意见外，《续篇》原则上并不做文章修改。

本书与《法律进化论》

《正篇》的“解说”已经阐明《法窗夜话》与陈重巨著《法律进化论》关系紧密。《正篇》不仅直接使用了《法律进化论》相关资料，甚至在整体问题意识层面，两者实为一体。在此，之所以再次强调，是因为本书更加体现了上述两者之间的紧密联系。陈重自著的前半部中，亦有多处内容从自己的诸多作品中引用，其余则自由书写自己的所见所闻与信念。至于本书后半部，则几乎全部是重远取材自《法律进化论》。

然而，对重远而言，要完满地完成父亲遗命几乎不可能，彼时首要任务，便是从陈重浩如烟海的论文中选取合适文章，充实《续篇》后半部。这项工作外人无法插手，重远倾注心血于父亲的遗稿整理与出版，所有内容皆了然于心，因此唯独他才能胜任。

陈重遗著有《法律进化论》三册以及《法律进化论丛》四册，即《神权说与民约说》《祭祀及礼与法律》《习惯与法律》《复仇与法律》，《续篇》后半部的文章，便是从上述著作中选取，极费精力与工夫，不仅要维持《正篇》之基调，还必须突出陈重的学术思想。庆幸的是，本书后半部的构成完成得令人心悦诚服，尤其卷末数话更是出色。

首先，重远究竟从何处选取本书后半部之文章？粗略而言，第五十一话至第六十六话取自《法律进化论》第一册，第六十七话至第八十六话取自同书第二册，第八十七话至第九十五话取自同书第三册，第九十六话取自《复仇与法律》(《法律进化论丛》第四册，昭和六年)，资料则从《法规分类大全》中引用。第九十七话至第九十九话亦同。第一百话，则如上所述，重远自写。

因此，本书后半部之素材，并未引用《法律进化论丛》的其余三册内容(《神权说与民约说》《祭祀及礼与法律》《习惯与法律》)。《神权说与民约说》主要涉及西欧近代以后的国家以及法律理论，与《正篇》基调并不符合。至于其余两册，估计《续篇》已无足够篇幅来容量此二册内的文章，况且从量上来看，保持一百话亦正合适。因此，《正篇》与《续篇》之主流内容皆是与法现象相关的历史事件。但是，陈重的研究绝非仅仅局限于过去，我们不应忘记陈重的学术亦涉及法律的现在与未来。为此，大家可参见《正篇》之“解说”。

《续法窗夜话》之意义：论穗积陈重之学风

本书序言末尾写道：

> 父亲研究著述之态度，便是面朝“穷究法律之奥义”之大目标，稳健切实地逐步行于法律进化论之大道上，同时亦对路旁之一草一花心有所系，时时停步暂歇。（中略）由“道旁之花”编织而成的首个花环，便是《法窗夜话》，如今已编织成形的第二个花环，亦来自父亲生前所摘之花。

本书之性质，上文可谓一语中的。花环满是五彩斑斓的花朵，更是意味深长。

《正篇》未收录之内容，既存在于陈重自写的前半部，也可见于重远编纂的后半部中，前者可一探陈重学风及学术方法论，后者则可展示重远对父亲研究的观察，尤其值得注目。

本书第四十四话《名讳相关之疑》文末附有“编者追记”，便是体现陈重学风之一例。陈重的研究法，重远长期耳濡目染，便写下此篇追记。陈重于书房墙上贴一地图，阅读中但凡发现某地有禁忌习俗，便以红点标注于图上。然而，唯独日本本州一片空白，究竟为何？是否可证实日本自古无禁忌习俗？陈重带着疑问开始上述名讳研究。陈重逝世一年后，重远于《作者穗积陈重》一文的“四、学者的态度”中，已经对此有所表述，本书中又再度提及。关于《名讳相关之疑》再版更名为《实名敬避俗研究》一事，重远写道：“更名一事，我实际并不完全赞同。《名讳相关之疑》之‘疑’字乃本书之真实价值，亦是父亲学问之根本意义。”以下文字引用自同书之序言。

> 题之为疑。知未能奉先贤之教，且自家之说尚未许断言。疑他又自疑。遂在此详陈自他之疑而乞教于人。惟望得高教而解其疑。如若不能，问其疑之价值而反省。勇于疑而怯于断，且不吝反省，乃培根贻后学之训言。我辈岂敢妄自树异，苟断言，岂非得罪古哲人焉？（《改造》第九卷二号，昭和二年）

据重远所言,《名讳相关之疑》的研究,“是所谓的‘道旁之花’著述的代表作。作为《法律进化论》的一节内容,父亲在研究禁忌习俗时,留意到名讳乃禁忌之一,随后便深入研究,进而质疑名讳并非我国固有习俗之陈旧观念,最终衍生出一篇副产品”。换言之,陈重主要研究法律进化论,而研究过程中问题频出,遂着手解决,直至自己满意,这种为学态度,是陈重的一大特点。

以上便是陈重在《正篇》与《续篇》中可见之学术态度。下文是本书中与此相关联的若干可资瞩目之处。

(1)学问之方法论

领会陈重的学问方法论,是理解其研究的基本条件,《法窗夜话》这般法律小品文貌似无法体现。然而,与《正篇》不同,陈重于本书中却时不时明示自己的立场,虽然仅是只字片语,但作为本书之一大特性值得关注。

此特征与培根大有关系。弗朗西斯·培根乃英国法学史上一巨擘,同时亦是伟大的哲学家,尤其提倡新伦理学,即归纳法。陈重很早便对培根有深入研究,其法理学讲义中,培根基本法理论之介绍相当详尽,可见其研究之深入。

本书中运用培根方法论之处,是第一话《学者真勇似怯》、与第四十四话《名讳相关之疑》,素材来自培根的《学术的进展》《新工具论》,即“三研究法”(三表研究法)。重远曾介绍,父亲正是采用此方法开展法律进化论之研究。

此外，第四十三话亦涉及陈重的学问方法论，文中陈重以“古董店之论法”批判国学家、汉学者拘泥于古言的态度，同时亦以“海鲜店之论法”指责学者面对新理论不加辨明便盲目追捧的通病。值得玩味之处，是陈重将基于自然科学及其他实证论法（实验研究法）的学问与基于理性判断的学问区分对待。陈重认为，既然旧说之误被证明之后出现新说，自然承认其价值，然而若无证明，则“海鲜店之论法”着实不妥。

（2）法之文体论

本书、尤其本书后半部涉及法之文体论或法概念的表现问题，尤为瞩目。前半部中的第六话《臣民》便是其中一例。陈重撰文说明“臣民”这个宪法上之用语并非日本固有之用例，而是维新后新创之词。连宪法书中亦无对此事的总结阐述，《法律进化论》第二册第116页（第三编“法之认识”、第四章第三节“颁布法时代”）初次说明该词。

> 此处须注意，《明律》及《清律》序中所谓“臣民”一词，与我帝国宪法中所用之“臣民”并不同义，乃“臣与民”两者之并称，“臣”为“官吏”，“民”为“人民”，而我宪法之“臣民”意为天皇之“臣之人民”，广义上相当于“subject”。因此，拘泥于出典、用例之汉学者在宪法颁布之初，便对第

> 二章“臣民”一词正当与否议论纷纷，尤其第十九条之“臣民均得任文武官”，有学者批其毫无意义。

为写出第六话，陈重亲自询问宪法草案执笔者关于该词新创之事，并参加伊藤博文著作《帝国宪法义解》研讨会，因此在文中详述“臣民”之沿革。最终，陈重得出结论，“臣民”一词“实为帝国宪法制定时新创之词汇”，而我国此前并无表述此概念之词，该词之新创极为恰当，“拘泥于典故，终究无法表达新事物、新思想”。陈重之说，着实精辟。

重远于后半部继承陈重之观念，将《法律进化论》第307页中北条泰时“假名书信”运用到第八十三话《北条泰时之法令条文平易化》中（但重远的引用大部分与陈重不同），第八十五话《德国国语运动》取自《法律进化论》第397页以下之内容，第八十六话《法律术语之国语化》取自《法律进化论》第393页至第408页的材料，可谓下足功夫。上述内容皆来自《法律进化论》第三编第六章《法之文体》，第一节《本邦文体之民众化》乃北条泰时之内容，第三节《德国法文体之变态进化》为德国国语运动、法律术语之国语化，而第二节《英国法文体之民众化》并无素材引用。上述第六章内容长达一百二十页，如此详细之记述几无他处可寻。

陈重如此重视法之文体论，赋予《法律进化论》独一无二之特性，重远之选择应是特意着眼于此。

此处亦可充分彰显陈重之态度，在明治民法起草之际，陈重大幅修正旧民法字句，致力于民法民众化。众所周知，旧民法之法律条文从法国法概念中直译而来，颇为生硬，而相较之下，明治民法则更简明易懂。根本原因在于要将法律语句转变为民众易于接受之文，陈重将古人之经验作为根本教训。考虑这一历史语境，第八十三话北条泰时之事迹显得格外具有特殊意义。

（3）刑法进化论与禁止复仇

在陈重的法律进化学说中，刑法进化论占据重要地位。然而，此论述在出版的《法律进化论》三册中并未充分展开，仅在第三册本论的第五章《禁忌与刑法》中稍见端倪，篇幅不过九页而已。早先陈重发表的相关论文尚未进行理论性的总括整理，仅作为遗稿保留下来，重远将其编纂为《法律进化论丛》第四册《复仇与法律》。我便在此深入探究两者之间的关系。

本书后半部中，从第九十六话至第一百话，重远以相当篇幅介绍陈重关于禁止复仇问题的研究，资料均出自上述《复仇与法律》，可想而知，重远定是想将陈重未完的重要论点清晰归纳出来。理由之一，可参见《复仇与法律》中重远所写之序言。该序言中写道，《复仇与法律》收录一篇题为《刑法进化论》的附录，年头颇为久远，是明治二十一年九月陈重在大学通俗讲谈会上的演讲，演讲稿上保留着亲笔添加的朱批。而前一年，即明治二十年，陈重于《法学协会杂志》上连载了《刑法进化主义》，遗憾的是，文章并未完结。追溯至更早之前，陈重从英国留学归国的明治十四年，首先在《明法志林》上发表了《法理沿革史》，明治十五年又在该杂志上发表《婚姻沿革史》，明治十九年在《法学协会杂志》上连载了《刑法进化主义》。重远写道："在明治二十年到二十一年间发表的有关刑法进化的论文与演讲，自然皆为上文所涉及的法律进化研究的一部分，其中的《刑法进化论》一文之内容渐趋充实，形成了三十年后的《复仇与法律》。花费三四十年之心血去精研同一个题目同一个想法，正是家父为学面貌之真实体现。有鉴于此，在编辑过程中，也一并将此文收录，以表追思。"

《刑法进化论》全文分为四个阶段，第一阶段为复仇时期，第二阶段为复仇限制时期，第三阶段为赔偿时期，第四阶段为刑罚时期。第一阶段中，复仇是美德，至第二阶段则产生限制必要，复仇范围缩小的同时，其正当与否亦众说纷纭，到第四阶段，复仇被定为犯罪，当事者对立，即国家成为原告，君主代替被害者向犯人——被告——进行复仇。法律逐渐由简单进化至复杂，这便是陈重对于刑法进化论初期的思考。

本书第九十六话《就惩罚复仇一事咨询大学》便脱胎

于上述《复仇与法律》中的《私力公权化在法之起源中的作用》，后者是陈重在东京律师会馆的演讲稿，原文并未引用咨询大学的全文，仅概括大意而已，因此，重远在本书中从《法规分类大全》中引用了全文。这种处理手法也出现在第一百话中。

这是重远对资料之补充，而在第九十八话《“山越被仰付”》与第一百话《禁止复仇与司法权之确立》中，加入了重远自身的见解，其中有若干处超越陈重理论之言论，值得关注。第一百话中，重远汲取父亲文章之意义，以不同形式表达出来，如在“揣摩并质疑（江藤新平）法律改革之动机”一事上，其形式在保留陈重文风的同时，采用相当断定之措辞。文末将禁止复仇列为江藤新平三大业绩之一，便是重远之见解。陈重则将复仇禁止法列为私力公权化作用中显著一例。

(4)《续法窗夜话》特色

本书作为《法窗夜话》续篇，大体延续正篇基调，同时亦有新特色。《法窗夜话》出版十年后（其间世界亦局势动荡），陈重的法律进化论研究更为深入。因此，整体看来，部分文字透露出陈重法理论性质之考察，也显示出随着西欧近代法传入日本封建社会产生了诸多问题。这部分内容颇值玩味，可谓《续篇》不同于《正篇》之特色，不仅出现在陈重自写的前半部，由重远取材自父亲原著的后半部亦有不少，下文将对此一一分析。

首先，本书(1)中提及的第一话便是一例，紧接其后的第二话《宪法一词》亦值得关注。在引入一个日本未曾有过的法概念之际，如何表达成为一个问题；为此陈重细心遍寻中国古典与日本诸书，一一研究“宪法”之用例，使此话成为《正篇》与《续篇》中长文之首。明治维新使得“国宪”一词广为普及，而自明治十四、十五年开始，政府将其改为“宪法”。小野梓亦曾质疑，认为“国宪”一词无法表达“constitution”之义(《国宪泛论》上卷前言)。如此重大事件，如今已几乎被遗忘殆尽，无论哪位学者的宪法书籍上，均未提及。

其次，第六话《臣民》亦体现出本书特色。维新时期，西欧法思想并不容易被人接受，曾多次遭遇抵制，第六话便是这一事实的具体体现。

尤其当时处于思想过渡期，初期的明治政府指导者在引入西欧近代法的诸多制度时，完全听从政府雇佣的外国法学教师的意见，根本不信任本国西欧法学习者的任何言论。第二十五话《刑事辩护制之首倡者》与第二十六话《元老的外人崇拜》便是相关事例。前者是矶部四郎的提案在司法省内遭到压倒性的反对，而与矶部提案趣旨相同的《治罪法》(第二百六十六条)，因起草者是布瓦索纳德，便无人质疑、顺利通过。后者则是陈重讲述亲身经历，因受元老井上馨嘱托，起草富豪三井家之家宪，完成后，井上就草案咨询勒斯勒尔，并命令陈重要听从布瓦索纳德的意见。遭拒后，井上甚至气恼陈重口出狂言。此事过后不久，陈重便被任命为民法全面修改的起草委员。

本书第六十八话《不知法，不免责》的内容取材于《法律进化论》第一部第三编“法之认识”的第一章“法之公知”。这是有相当高度的法理论，“不知法，不免责”作为近代法之原理、近代社会之秩序极其重要。重远在文中费心地将原文趣旨处理得深入浅出，简单易懂。重远之所以选择这一内容，大概是与他在政府法律委员会与东大柳岛社会福利事业法律咨询部中一直致力于法知识的民众化有关。

陈重本来的研究，绝非仅局限于古老法律之起源，与《正篇》相比，《续篇》小品集的属性稍有弱化，在某种程度上突出了陈重对于法律的思考。本书并非仅仅介绍各类妙趣横生的法现象，而是向读者展现作者自己对法律发展有如此看法，又询问各位读者如何看待。而且，书中不少问题放在今日依然有其意义，值得大家重视。

由于执笔与编辑时期的局限，本书出现部分与如今不相吻合，或者不适合当今社会的字句，如第四十四话《名讳相关之疑》“编者追记”中的“位于日本南部之台湾岛与冲绳岛、北部自萨哈林岛[1]至千岛”，第七十二话《阿伊努之“谒见礼”》中的“土人”等，由于字句更改颇有难度，故原样保留，请各位读者谅解。

① 日文原文中将萨哈林岛写作汉字“桦太”，译文中已将其译为如今通用的词汇。——译注

图书在版编目(CIP)数据

续法窗夜话/(日)穗积陈重著;曾玉婷,魏磊杰
—北京:法律出版社,2017(2018.10 重印)
ISBN 978-7-5197-1086-6

Ⅰ.①续… Ⅱ.①穗…②曾…③魏… Ⅲ.①法学—文化—研究—日本 Ⅳ.① D909.313

中国版本图书馆 CIP 数据核字(2017)第 172699 号

续法窗夜话
XU FACHUANG YEHUA

[日]穗积陈重 著
曾玉婷 魏磊杰 译

策划编辑 易明群
责任编辑 吕丽丽
装帧设计 乔智炜

出版 法律出版社
总发行 中国法律图书有限公司
经销 新华书店
印刷 中煤(北京)印务有限公司
责任校对 王沁陶
责任印制 张建伟

编辑统筹 法律出版社
开本 A5
印张 10.375
字数 170 千
版本 2017 年 9 月第 1 版
印次 2018 年 10 月第 2 次印刷

法律出版社/北京市丰台区莲花池西里 7 号(100073)
网址/www.lawpress.com.cn
投稿邮箱/info@lawpress.com.cn
销售热线/010-83938336
举报维权邮箱/jbwq@lawpress.com.cn
中国法律图书有限公司/北京市丰台区莲花池西里 7 号(100073)
全国各地中法图分、子公司销售电话:
统一销售客服/400-660-6393
第一法律书店/010-83938334/8335
西安分公司/029-85330678
重庆分公司/023-67453036
上海分公司/021-62071639/1636
深圳分公司/0755-83072995

书号:ISBN 978-7-5197-1086-6
定价:45.00 元

图书在版编目(CIP)数据